1. Berichterstatter: Professor Dr. Haemmerle,
2. Berichterstatter: Professor Dr. Gschnitzer,
Tag der mündlichen Prüfung: 21. Dezember 1938.

Sonderdruck

aus der Zeitschrift für Verkehrswissenschaft

16. Jahrgang, Heft 1/2.

ISBN 978-3-662-31425-8 ISBN 978-3-662-31632-0 (eBook)
DOI 10.1007/978-3-662-31632-0

Gliederung.

Schrifttum und Materialien.

Bartsch: Kraftfahrzeughaftpflichtgesetz. 3. Aufl. Wien 1937.
Bredow-Müller: Kommentar zum LVG. 1. Aufl. Berlin 1922.
Carl: Straßenverkehrs-Verkehrshaftpflichtrecht. Übersicht über Schrifttum und Rechtsprechung Leipzig 1937.
Densch: Vereinheitlichung des Verkehrshaftpflichtrechtes. Diss. Hamburg 1935.
Dernburg: Das bürgerliche Recht. 1. u. 2. Aufl. Halle 1899.
Eger: Kommentar zum KFG. Stuttgart 1911.
Eger: Kommentar zum RHG. 7. Aufl. Hannover 1912.
Endemann: Die Haftpflicht der Eisenbahn. 3. Aufl. Berlin 1885.
Enneccerus-Lehmann: Lehrbuch des Bürgerlichen Rechts. 2. Bd., 12. Bearb. Marburg 1932.
Frank, Hans: N. S. Handbuch für Recht und Gesetzgebung. München 1935.
v. Gierke, Julius: Handelsrecht und Schiffahrtsrecht. 4. Aufl. Berlin 1933.
Haemmerle: Die Haftpflicht aus Kraftfahrzeugbetrieben. Wien 1928.
Hein: Gesetz über die Beförderung von Personen zu Lande. Berlin 1935.
Heucke: Kommentar zum Reichshaftpflichtgesetz. 2. Aufl. Berlin 1937.
Isaac: Kommentar zum KFG. 2. Aufl. Berlin 1931.
Jannott: Kraftfahrzeughaftpflicht-Recht und -Versicherung im In- und Ausland. Berlin 1937.
Kilkowski: Die Haftung für Luftverkehrsschäden nach dtsch., österr., schweiz., tschecho-slow. und polnischem Recht. Diss. Marburg 1930.
Klang: Kommentar zum ABGB., 4. Bd. Wien 1935.
Koenigs, Gustav: Die Haftung des Kraftfahrzeughalters, in Zeitschr. der Akademie für Deutsches Recht 1937, S. 620ff.
Koffka-Bodenstein: Kommentar zum LVG. und Warschauer Abkommen. Berlin 1937.
Makower-Loewe: Kommentar zum Binnenschiffahrts-Gesetz. 5. Aufl. Berlin 1915.
Müller, Fritz: Straßenverkehrsrecht. 12. Aufl. Berlin 1938.
Müller, Richard: Die Vereinheitlichung der Verkehrshaftpflicht. Diss. Gießen 1934.
Niggl: Postverkehrsgesetze des Deutschen Reichs. 3. Aufl. Stuttgart 1928.
Oertmann: Kommentar zum BGB. Bd. 2, I. Teil. 5. Aufl. Berlin 1928.
Planck: Kommentar zum BGB. Bd. II., I. Teil. 4. Aufl. Berlin 1914.
Protokolle zum BGB. bearbeitet von Achilles. Berlin 1897.
Reichsgerichtsräte: Kommentar zum BGB. 1. u. 2. Bd. 8. Aufl. Berlin 1934.
Röhm: Die Freizeichnung im deutschen Luftverkehr. Diss. Halle 1934.
Schaps: Deutsches Seerecht. Bd. I. 2. Aufl. Berlin 1921.
Schleicher-Reymann: Kommentar zum LVG. 2. Aufl. Berlin 1937.
Schoor- v. Unruh-Galle: Straßenverkehrsrecht. Berlin 1938.
v. Schwerin: Germanische Rechtsgeschichte. Berlin 1936.
Staudinger: Kommentar zum BGB. Bd. VI. 1. Teil. 9. Aufl. Leipzig 1929.
Trendel: Gefährdungshaftung — Zwangshaftpflicht-Versicherung — Reichskasse für Verkehrsunfälle, in Deutsches Autorecht 1935. S. 145, 169, 193, 225, 289.
Wilke: Der Unterschied in der Haftung der wichtigsten Verkehrsmittel unter Berücksichtigung der Frage nach den Gründen dieses Unterschieds. Diss. Jena 1935.
Allgemeine Beförderungsbedingungen für den Personen- und Gepäckverkehr der Hapag, des Norddeutschen Lloyd und der Hamburg-Süd.
Allgemeine Beförderungsbedingungen für den Luft-Personen- und -Gepäckverkehr der Deutschen Lufthansa.
Versicherungsbedingungen der Allianz für die Allgemeine Fluggast-Unfall-Versicherung.

Abkürzungsverzeichnis.

(Zugleich Verzeichnis der benutzten Zeitschriften.)

ABGB = Allgemeines bürgerliches Gesetzbuch.
AHGB = Allgemeines Deutsches Handelsgesetzbuch.
ALR = PreußischesAllgemeines Landrecht.
AmtblPost = Amtsblatt des Reichspostministeriums, Ausgabe A.
ArchLR = Archiv für Luftrecht.
Arch zivPr = Archiv für die zivilistische Praxis.
Auflagen = Auflagen für die vom Reichsminister der Luftfahrt genehmigten Luftfahrtunternehmen vom 21. 8. 1936.
AVG = Angestelltenversicherungsges.
BayObLG = Bayrisches Oberstes Landesgericht.
BinnSch Ges = Gesetz über die privatrechtlichen Verhältnisse der Binnenschiffahrt und Flößerei.
DAR = Deutsches Autorecht.
DJZ = Deutsche Juristen-Zeitung.
DRZ = Deutsche Richter-Zeitung.
DVO = Durchführungsverordnung.
EE = Eisenbahn- und Verkehrsrechtliche Abhandlungen und Entscheidungen.
Grünhuts Z = Zeitschrift für das Privat- und öffentliche Recht der Gegenwart. Herausg. v. Grünhut.
Güterfern- verkGes = Gesetz über den Güterfernverkehr mit Kraftfahrzeugen vom 26. 6. 1935.
Iata = International Air Traffic Association.
IÜP = Revidiertes Internationales Abkommen über den Eisenbahn-Personenverkehr vom 23. 11. 1933.
JW = Juristische Wochenschrift.
JurR = Juristische Rundschau.
KFG = Gesetz über den Verkehr mit Kraftfahrzeugen vom 3. 5. 1909.
ö.KFG = Österreichisches Gesetz über die Haftung für Schäden aus dem Betriebe von Kraftfahrzeugen vom 9. 8. 1908.
KrfGes = Österreichisches Kraftfahrgesetz von 1937.
KrfVO = Österreichische Kraftfahr-VO von 1937.
LVG = Luftverkehrsgesetz.
ö.LVG = Österreichisches Gesetz vom 10. 12. 1919 betreffend die vorläufige Regelung der Luftfahrt.
LVO = VO über Luftverkehr vom 21. 8. 1936.
PersBef Ges = Gesetz über die Beförderung von Personen zu Lande vom 4. 12. 1934.
Prot = Protokolle zum BGB, bearbeitet von Achilles.
RdK = Das Recht des Kraftfahrers.
Recht = Das Recht.
RGR = Reichsgerichtsrätekommentar zum BGB.
RHG = Reichshaftpflichtgesetz.
ö.RHG = Österreichisches Gesetz vom 5. 3. 1869 betr. die Haftung der Eisenbahnunternehmungen für die durch Ereignungen auf Eisenbahnen herbeigeführten körp. Verletzungen oder Tötungen von Menschen.
RKG = Reichsknappschafts-Gesetz.
RLM = Reichsluftfahrtministerium.
RvkBl = Reichsverkehrsblatt.
RVO = Reichsversicherungsordnung.
StB = Stenographische Berichte der Verhandlungen des Deutschen Reichstags.
StVO = Straßenverkehrsordnung vom 13. 11. 1937.
StVZO = VO über die Zulassung von Personen und Fahrzeugen für den Straßenverkehr vom 13. 11. 1937.
VAE = Verkehrsrechtliche Abhandlungen und Entscheidungen.
VerkR = Verkehrsrechtliche Rundschau.
VVG = Versicherungsvertrags-Gesetz.
WFVG = Gesetz über die Fürsorge und Versorgung für die ehemaligen Angehörigen der deutschen Wehrmacht und ihrer Hinterbliebenen vom 26. 8. 1938.
ZAkDR = Zeitschrift der Akademie für Deutsches Recht.
ZfVW = Zeitschrift für die gesamte Versicherungswissenschaft.
ZgesHR = Zeitschrift für das gesamte Handelsrecht.

Einleitung.

Vor etwa hundert Jahren fuhr in Deutschland die erste Eisenbahn zwischen Nürnberg und Fürth. Seitdem haben sich die Verkehrsmittel sprunghaft entwickelt, und heute läßt sich der moderne Schnellverkehr auf Schiene und Straße, in der Luft und auf dem Wasser, aus unserem Leben überhaupt nicht mehr fortdenken.

Leider hat mit der Entwicklung des Verkehrs die Zahl der Unfälle gleichen Schritt gehalten, es vergeht kaum ein Tag, an dem nicht mehrere Menschen als Opfer des Verkehrs Leben und Gesundheit verlieren.

Die Erörterung der Haftung für im Verkehr entstandene Personenschäden ist deshalb seit dem Aufkommen der modernen Verkehrsmittel im Schrifttum nicht mehr verstummt. Augenblicklich ist diese Frage wieder besonders brennend geworden, da mit der Fertigstellung der Autobahnen und der Großherstellung des Volkswagens der Verkehr, und wie zu fürchten ist, auch die Unfälle weiter erheblich anwachsen werden.

Zwei Aufgaben haben in den letzten fünf Jahren im Vordergrund des Interesses gestanden:

1. Die Haftung im Verkehrsrecht möglichst einfach und für alle Verkehrsmittel einheitlich zu gestalten;
2. eine möglichst gerechte Ausgleichung der entstandenen Schäden zu erreichen, d. h. den Verletzten soweit wie irgend angängig sicherzustellen, ohne den Verkehrsunternehmern oder der Allgemeinheit untragbare Lasten aufzubürden.

Besonders um die Verschuldens- oder Gefährdungshaftung des Kraftfahrers und die Zweckmäßigkeit eines Versicherungszwanges hat sich ein lebhafter Streit entwickelt.

Bevor ich zu diesen Bestrebungen, die auf eine Reform des geltenden Rechts abzielen, Stellung nehmen kann, muß ich auf das geltende Recht und seine Entwicklungsgeschichte eingehen.

Erster Hauptteil:

Entwicklungsgeschichte und geltendes Recht.

A. Die Eisenbahn[1].

1. Geschichte.

Das älteste Gesetz, das sich mit der Haftung für ein modernes Verkehrsmittel befaßt, ist das Preußische Gesetz über die Eisenbahnunternehmungen vom 3. 11. 1838.

„Die Gesellschaft ist zum Ersatz verpflichtet für allen Schaden, welcher bei der Beförderung auf der Bahn an den auf derselben beförderten Personen ... oder auch an anderen Personen ... entsteht. Sie kann sich von dieser Verpflichtung nur durch den Beweis befreien, daß der Schade entweder durch die eigene Schuld des Verletzten oder durch einen unabwendbaren äußeren Zufall bewirkt worden ist. Die gefährliche Natur der Unternehmung ist als ein solcher von dem Schadensersatz befreiender Zufall nicht zu betrachten" (§ 25).

Als Vorbild dienten die Vorschriften des Preußischen ALR über die Haftung des Schiffers §§ 1734, 1735 II 8[2]. Die Eisenbahn wird also einer reinen Verursachungshaftung unterworfen, von der sie sich nur durch den Nachweis höherer Gewalt oder eigenen Ver

---

[1] Unter diesen Begriff fallen auch Hoch- und Untergrundbahnen, Straßenbahnen, Drahtseil- und Schwebebahnen.

[2] StB 1871, S. 451. § 1734 lautet: Den ausgemittelten Schaden muß der Schiffer ersetzen, wenn er nicht nachweisen kann, daß selbiger durch inneren Verderb der Ware, oder durch einen äußeren Fall entstanden sei, dessen Abwendung er nicht in seiner Gewalt gehabt.

schuldens des Verletzten befreien kann; denn nach Ansicht des Gesetzes[1] ist die Bahn ein gefährliches Unternehmen, vor dem das Publikum geschützt werden muß.

Dieses Preußische Gesetz ist so besonders wichtig, weil hier die herrschende Auffassung, daß nur Verschulden zum Schadensersatz verpflichte, aus sozialen Gründen durchbrochen wird.

Im germanischen[2] und im alten römischen[3] Recht hatte die Verursachungshaftung bereits gegolten. Eine solche Regelung war sicherlich sehr einfach, weil die Haftung sich an eine augenscheinliche Tatsache knüpfte, führte aber auch leicht zu Ergebnissen, die uns heute unbillig erscheinen. Später wurde die Willensrichtung des Täters wenigstens in typisierender Form berücksichtigt (Ungefährwerke); durch die Entwicklung des rechtswissenschaftlichen Denkens konnte man dann schließlich dahin kommen, den Schädiger nur haften zu lassen, wenn ihn ein Verschulden traf, d. h. wenn er vorsätzlich oder unter Außerachtlassung der verkehrsüblichen Sorgfalt gehandelt hatte[4].

Das Preußische Gesetz von 1838 durchbricht diesen Grundsatz in der richtigen Erkenntnis, daß infolge der gefährlichen Natur der Eisenbahn Schäden eintreten können, für die niemand ein Verschulden trifft, und daß daher der Geschädigte sonst völlig schutzlos bleiben würde.

Die Eisenbahngesellschaften versuchten, der scharfen Haftung dadurch zu entgehen, daß sie ihre Angestellten und Arbeiter zu einem vertraglichen Verzicht auf ihre Rechte aus § 25 Pr. Ges. zwangen. Deshalb erklärte das Preußische Gesetz vom 3. 5. 1869 den § 25 für unabdingbar[5].

Verschiedenen anderen Ländern hat die preußische Gesetzgebung bei Erlaß eigener Eisenbahngesetze als Vorbild gedient.

Nach der Gründung des Deutschen Reichs war der Weg frei für eine reichsrechtliche Regelung der Eisenbahnhaftung im Reichshaftpflichtgesetz (RHG) vom 7. 6. 1871[6].

„Wenn bei dem Betriebe einer Eisenbahn ein Mensch getötet oder körperlich verletzt wird, so haftet der Betriebsunternehmer für den dadurch entstandenen Schaden, sofern er nicht beweist, daß der Unfall durch höhere Gewalt oder durch eigenes Verschulden des Getöteten verursacht ist" (§ 1).

Durch die Ersetzung der Worte „unabwendbarer äußerer Zufall" des Preußischen Gesetzes durch „höhere Gewalt" im RHG soll am Haftungsumfang nichts geändert werden, sondern nur § 1 RHG an die entsprechende Regelung des Eisenbahnfrachtrechts Art. 395 AHGB = § 456 HGB angeglichen werden[7].

Die Motive zum RHG billigen den § 25 Pr. Ges. mit den Worten: „In der richtigen Erkenntnis, daß der Größe der mit dem Eisenbahnbetriebe verbundenen Gefahren und dem Vertrauen, mit dem das Publikum auf die Einrichtungen und Anordnungen der Eisenbahnverwaltung sich zu verlassen genötigt ist, das höchste Maß der Verantwortlichkeit auf Seiten des Unternehmers entsprechen müsse, hat § 25 Pr. Ges. bestimmt"[8]. Der Bundeskommissar Staatssekretär Falk führte vor dem Reichstag aus: „Wenn jemand

---

[1] § 25, S. 3.

[2] Rechtssprichwort: Wer Schaden tut, muß Schaden bessern. Vgl. Schwerin, Germ. Rgsch, S. 40 ff.

[3] Lex Aquilia, vgl. Dernburg II, 1 S. 60.

[4] So schon im späten römischen Recht.

[5] StB 1871, S. 207.

[6] Materialien zum RHG, Leipziger Petition StB 1868 Anl. 66 B. Verweisung an Bundeskanzler StB 1868 S. 175 ff. I. Lesung des RHG StB 1871, S. 201—218 Drucks. 1871 Nr. 16. II. Lesung des RHG StB 1871, S. 438—458, 463, 484, 509. Drucks. 1871 Nr. 65, 70—76, 78, 79, 81, 82. III. Lesung des RHG StB 1871 S. 575—599, S. 604—625. Schlußabstimmung S. 653. Drucks. 1871 Nr. 84, 93, 94, 105. Statistisches Material 1871, Anl. 46.

[7] Mot. z. RHG § 1, StB 1871 Drucks. 16.

[8] StB 1871, Drucks. 16, S. 70.

Naturkräfte, denen der Mensch nicht widerstehen kann, in seinen Dienst nimmt um seines Erwerbes willen, oder wenn er diejenigen, die ihm erwerben, dem Einfluß unbeherrschbarer Naturkräfte gegenüberstellt, daß er vor allem die Pflicht hat, auch für den Schaden dabei einzutreten, das ist der innere gesetzgeberische Gedanke"[1].

Das Reichsrecht übernahm also aus dem Preußischen Gesetz die scharfe Haftung, weil man trotz der inzwischen gemachten technischen Fortschritte die Eisenbahn noch als sehr gefährlich ansah.

2. Der Ersatzpflichtige.

Ersatzpflichtig ist dem Geschädigten der Betriebsunternehmer, d. h. derjenige, der die Eisenbahn auf eigene Rechnung betreibt, und dem die Verfügung über den Betrieb zusteht[2].

3. „Beim Betriebe."

Zu ersetzen sind alle Schäden, die „beim Betriebe einer Eisenbahn" eintreten. Dieser Wortlaut des RHG bedeutet gegen die Fassung des Preußischen Gesetzes „bei der Beförderung auf der Bahn" einen erheblichen Fortschritt. Das Preußische Obertribunal hatte nämlich diese Worte sehr eng ausgelegt und gefordert, daß eine Bewegung der Bahn stattgefunden haben müsse[3]. Die neue Fassung will zwar nicht alle Handlungen der Bahn unter die Verursachungshaftung stellen, wohl aber diejenigen, „welche mit dem Transport in einem gewissen Zusammenhange stehen, wenn mit ihnen die dem Eisenbahnbetriebe eigentümlichen Gefahren verbunden sind"[4].

4. Haftungseinreden und -grenzen.

Die Bahn kann sich von der Haftung nur befreien, wenn sie nachweist, daß der Unfall auf dem eigenen Verschulden des Verletzten oder auf höherer Gewalt beruhe.

Da der Begriff höhere Gewalt im RHG nicht definiert wird, ist um seine Bedeutung Streit entstanden. Einig ist man sich nur darüber, daß es sich um ein von außerhalb des Betriebes einwirkendes Ereignis handeln muß. Die „relative Theorie", begründet von Goldschmidt[5], nimmt höhere Gewalt schon dann an, wenn der Unternehmer darlegt, er habe alle im konkreten Falle nach der Sachlage möglichen und zumutbaren Maßnahmen ergriffen, ohne den Schaden abwenden zu können, während die „absolute Theorie", begründet von Exner[6], nicht auf die „relativen" Gegenmaßnahmen, sondern entscheidend auf die Art des Ereignisses abstellt. Sie nimmt höhere Gewalt nur dann an, wenn es sich um ein von außen wirkendes Ereignis handelt, „das nach Art und Wucht seines Auftretens die im ordentlichen Laufe des Lebens zu gewärtigenden Zufälle augenscheinlich übersteigt"[7].

Das RG hatte sich zunächst der Ansicht Goldschmidts angeschlossen[8]. Später aber engte es den Begriff der höheren Gewalt immer mehr ein und nähert sich jetzt sehr stark der Auffassung Exners. Heute sieht es als höhere Gewalt nur noch ein Ereignis an, dessen Ursachen außerhalb des Eisenbahnbetriebes und seiner Einrichtungen liegen, und dessen Eintritt auch bei Anwendung größter Sorgfalt und aller der Eisenbahn zuzumutenden Vorkehrungen nicht zu verhindern ist (relative Theorie), das aber auch nicht wegen seiner Häufigkeit von ihr in Kauf genommen werden muß (absolute Theorie)[9].

Die Haftung der Eisenbahn ist durch die Rechtsprechung sehr weit ausgedehnt worden[10].

---

[1] StB 1871, S. 206. [2] RG 66, 376; 75, 7. [3] Entsch.Pr.Ob.Tr 28, 270, Eger § 1, 2
[4] RG 50, 94 und ständig. [5] Z. ges. HR 3, 58 ff., 16, 328 ff. [6] Grünhuts Z 10, 497 ff
[7] Exner, a. a. O., S. 582. [8] RG 1, 276 ff.; 14, 82; 21, 13 ff.
[9] RG 64, 405; 101, 95; 104, 150. Gegen diese Anwendung der absoluten Theorie, Haemmerle, S. 60.
[10] Das mögen einige Beispiele zeigen:
RG 95, 64: „X ist aus dem Abteil eines fahrenden D-Zuges, nachdem er die Fensterscheib

In 100 Bänden der Amtlichen Sammlung ist nur viermal höhere Gewalt angenommen worden, in zweien dieser Fälle würde nach heutiger Rechtsprechung die Eisenbahn aber wohl haften müssen. Vom 100. bis 156. Band ist dann noch zweimal höhere Gewalt anerkannt worden[1].

Neben der Haftung aus RHG werden im § 9 „sonstige gesetzliche Vorschriften", also praktisch Ansprüche aus BGB, vorbehalten[2].

Eine Haftungsgrenze kannte das RHG ursprünglich nicht, „angesichts des Verfalls der deutschen Währung und der finanziellen Lage der deutschen Eisenbahnen, deren Einnahmen aus allgemeinwirtschaftlichen Gründen nicht im Verhältnis zur Geldentwertung gesteigert werden konnten"[3], führte das Gesetz vom 8. 7. 1923 jedoch einen Höchst-

---

eingeschlagen und den Fensterrand erklettert hatte, hinausgesprungen und tot auf der Strecke gefunden worden. X stand infolge eines Traumes vorübergehend unter der Wahnvorstellung, ein Eisenbahnunfall sei eingetreten oder stehe unmittelbar bevor und bringe die im Zuge Bleibenden in höchste Lebensgefahr, aus welcher er sich nur durch einen Sprung aus dem Fenster retten könne. Die hohe Wahrscheinlichkeit spreche dafür, daß die Einbildung des X durch einen Betriebsunfall in der vergangenen Nacht ausgelöst worden sei. Ursächlich könnten auch die sonstigen Ereignisse der Fahrt gewesen sein, namentlich der lange Aufenthalt in dem fahrenden Zug, die Geräusche des Betriebes und die Bewegungen des Zuges. Die Wahnvorstellung sei notwendig eine Folge des Eisenbahnbetriebes gewesen und schließe höhere Gewalt aus, weil das schadenbringende Ereignis durch den Betrieb selbst entstanden sei, sodaß es auf seine Unvorhersehbarkeit und Unabwendbarkeit nicht ankomme".

RG 93, 305: Der Zug verunglückte dadurch, daß die Lokomotive beim Ausfahren aus einem Tunnel in Fels- und Schuttmassen hineinfuhr, die sich vom Felsen losgelöst und die Gleise verschüttet hatten. „Bei einer derartigen Sachlage kann auch ein Felseinsturz wie der vorliegende, der nicht etwa durch ein Erdbeben oder ein anderes außergewöhnliches Ereignis verursacht worden ist, dann nicht als höhere Gewalt angesehen werden, wenn er nicht den in der Fahrt befindlichen Zug getroffen, sondern lediglich eine Verschüttung der Gleise bewirkt hat. In diesem Falle wird man annehmen können, daß der Unfall auf die Gefährlichkeit des Eisenbahnbetriebes, der sich in ein- für allemal festliegenden Schienen bewegt, zurückzuführen ist". (OLG Wien nahm jedoch in einem gleichliegenden Falle höhere Gewalt an. VAE 1938, 388.)

RG 93, 66, in neuester Zeit aufrecht erhalten durch RG VAE 3, 508: Ein Auto durchbricht eine geschlossene, gut beleuchtete Schranke, fährt gegen einen Zug, ein Insasse wird getötet. Das LG gab der Klage statt, das BG wies ab, da das Hineinfahren eines Autos in einen Zug in dieser Form „ein von außerhalb des Eisenbahnbetriebes wirkendes Ereignis sei, das nach menschlicher Erfahrung nicht vorauszusehen sei und nicht erwartet werde, und dessen Eintritt auch bei den zweckmäßigsten, mit dem wirtschaftlichen Erfolge des Unternehmens noch zu vereinbarenden Einrichtungen durch menschliche Kraft und Sorgfalt nicht abgewendet werden könne". RG führt aus: „Die erste Frage ist, ob ein von außerhalb des Betriebsunternehmens wirkendes Ereignis vorliegt. Das ist zu verneinen. Der Eisenbahnunternehmer, der sich in solcher Weise mit seinem Betriebe in den Straßenverkehr hineinbegibt, schafft damit für diesen eine Gefahrenquelle, die dem Eisenbahnbetrieb als solchem zuzuzählen ist. Für die selbst geschaffene Gefahr muß er einstehen. An dieser Sachlage ändert sich auch dadurch nichts, daß an der Kreuzungsstelle Schranken vorhanden und zur Zeit des Unfalls herabgelassen waren; nach den gegebenen Umständen kann hierin eine Ausscheidung der Bahngleise und des Betriebsunternehmens aus dem Straßenkörper und aus dem Straßenverkehr nicht gefunden werden."

RG EE 23, 396: X wird infolge Schlägerei der Mitreisenden aus dem fahrenden Zug gestoßen. „Ob höhere Gewalt begrifflich ausgeschlossen ist, weil es sich bei der Schlägerei um Kräfte handelte, die von außen in den Betrieb eingegriffen haben, kann dahingestellt bleiben; denn jedenfalls war die Schlägerei kein unvorhersehbares und unabwendbares Ereignis. Der Beklagte mußte vielmehr bei den eigenartigen Verhältnissen im rheinisch-westfälischen Industriebezirk, wo die an Sonntagen in Massen die Eisenbahn benutzende Arbeiterbevölkerung zu Exzessen neige, mit Vorkommnissen wie der fraglichen Schlägerei rechnen".

[1] Verhandlungen des 35. Juristen-Tages, Bd. 2, 214; RG 101, 94; 109, 172.

[2] Aus der Fassung des § 9 RHG und Art. 105 EGBGB hatten sich Zweifel ergeben, ob auch Landesgesetze durch § 9 RHG vorbehalten seien. Art. 105 bezieht sich jedoch nur auf Sachschäden, Personenschäden regelt das RHG ausschließlich und setzte damit insoweit die Landesgesetze außer Kraft. § 9 konnte daher nur Reichsrecht vorbehalten. Ebenso RG 57, 52; Rich. Müller, S. 24.

[3] Begründung zum Änderungs-Gesetz StB 1920/23, Drucks. 6029.

satz für die Jahresrente ein (§ 7a), noch heute nach der 3. VO zur Änderung der Haftungsgrenzen im RHG vom 24. 10. 1923 der Betrag, „der sich durch eine Vervielfältigung der Grundzahl von 10000 RM mit der jeweiligen Teuerungszahl ergibt".

Eine Umstellung dieser Inflationsbestimmung auf Goldmark ist nicht erfolgt und ihre wörtliche Anwendung deshalb unmöglich. Das RG hat in einer Entscheidung aus dem Jahre 1929[1] aber den Weg zu ihrer sinngemäßen Weiteranwendung gezeigt, nämlich als Jahreshöchstrente den Betrag anzusetzen, der, gemessen am jeweiligen Index, in seiner Kaufkraft dem Friedensmarkbetrag von 10000 RM gleichkommt. Bei dem heutigen Index von etwa 126 würde sich also eine Jahreshöchstrente von 12600 RM ergeben[2].

Eine internationale Regelung der Haftung für Personenschäden besteht nicht. Nach Art. 28 § 1 des Revidierten Internationalen Übereinkommens über den Personenverkehr vom 23. 11. 1933, in Kraft seit 1. 10. 1938 (IÜP)[3], richtet sich die Haftung nach den Gesetzen des Staates, in dem das schädigende Ereignis eingetreten ist.

B. Die Kraftfahrt.

1. Geschichte.

Dem RHG in vielen Bestimmungen nachgebildet ist das Gesetz über den Verkehr mit Kraftfahrzeugen vom 3. 5. 1909 (KFG), das einen besonderen Abschnitt „Haftpflicht" enthält[4].

Bis 1900 war die Haftung für Kraftfahrzeugschäden nach dem jeweiligen örtlichen Recht beurteilt worden, seit 1900 nach dem BGB. Diese Haftung genügte aber nach allgemeiner Ansicht nicht, weil nur für Verschulden gehaftet wurde, und der Halter sich nach § 831 BGB entlasten konnte. Außerdem mußte das Verschulden des Kraftfahrers der Verletzte beweisen, woraus sich meistens ein Beweisnotstand für ihn ergab. Daher wurde nach einem Spezialgesetz gerufen.

Nach mehrfachen Petitionen und Resolutionen legte die Reichsregierung im Jahre 1906 dem Reichstag den Entwurf eines Automobilhaftpflichtgesetzes vor, das völlig mit dem RHG übereinstimmte[5]. Der Kraftfahrer sollte für alles haften außer höherer Gewalt oder eigenem Verschulden des Verletzten; denn „es entspricht der Billigkeit, daß der Unternehmer eines mit gemeiner Gefahr verbundenen Betriebes für den aus dem Betriebe entstehenden Schaden ohne Rücksicht auf eigenes Verschulden verantwortlich gemacht wird"[6].

Dieser Entwurf scheiterte an der Auflösung des Reichstags.

In den Reihen der Kraftfahrer führte der Gedanke der Gefährdungshaftung zu einem

---

[1] RG 124, 179.

[2] Heucke hält § 7a RHG für ungültig, § 7a, 3 und EE 44, 137. Unklar Rich. Müller, S. 25.

[3] RGBl II 1935, 599; 1938, 101.

[4] Materialien zum KFG: Petition des Verbandes der Lohnfuhrunternehmer zu Frankfurt a. M. (1901). Beschluß der Petitions-Komm. StB 1902, Drucks. Nr. 529. Abänderungsantrag daselbst Drucksache 642. RT-Sitzung. 1903, S. 8670 ff. Resolutionen zur zweiten Beratung des Reichsetats. StB 1904, Drucks. 203, 213 f., 227. RT-Sitzg. StB 1904, 1287—1306. Ges.Entw. Albrecht u. Gen. StB 1905, Drucks. 98, StB 1906, 1141 ff.

Regierungsentwurf I (1906). StB 1906, Drucks. 264. 1. Lesung, StB 1906, 2731—2749. Antrag Prinz zu Schönaich StB 1907, Drucks. 268, StB 1907, S. 1029/1031. Abänderunsantrag Gröber, StB 1908, S. 3066—3084. Drucks. 668. Gegenentwurf verfaßt von Isaac.

Regierungsentwurf II. StB 1908—1909, Drucks. 988. 1. Lesung StB 1908, 5263—5281. Komm.-Bericht StB 1909, Drucks. 1250. 2. Lesung StB 1909, 7751—7771. 3. Lesung StB 1909, 7792—7797.

Entwurf eines Abänd.GesStB 1922, Drucks. 3638. 1. Lesung StB 1922, 6146. Bericht des Reichs-Verk.Min. mit Beschlüssen des vorl. Reichswirtschaftsrats. StB 1923, Drucks. 5738. Bericht des 33. Ausschusses StB. 1923, Drucks. 6050. 2. und 3. Lesung StB 1923, 11633—11635.

[5] StB 1906, Drucks. 264.

[6] Motive zur Vorlage ebenda.

Sturm der Entrüstung. Auf Veranlassung des Kaiserlichen Automobilklubs wurde von Isaac ein Gegenentwurf ausgearbeitet, der die Haftung erheblich einschränkte[1].

Ohne Verschulden soll nur für Unfälle gehaftet werden, die auf Fehler des Materials zurückzuführen sind, im übrigen schlägt Isaac eine erweiterte Verschuldenshaftung vor. Der Halter soll für eigenes Verschulden und für Verschulden seiner Angestellten haften, ohne sich nach § 831 BGB entlasten zu können, und muß selbst den Entlastungsbeweis führen, daß kein Verschulden vorgelegen habe, der Verletzte braucht nur den ursächlichen Zusammenhang zu beweisen.

Den Gedanken dieses Entwurfes folgte die Regierungsvorlage vom Jahre 1908[2]. Die Gefährdungshaftung gab man als für die Kraftfahrer wirtschaftlich untragbar auf, es blieb nur die unbedingte Haftung für die Betriebssicherheit des Fahrzeugs. Der Halter „soll unbedingt für Schäden haften, die auf den Zustand seiner Maschine zurückzuführen sind, weil die Automobilmaschine unter allen Umständen ein gefährliches Instrument ist, und der Führer die Verantwortung tragen soll, wenn er ein solches Instrument in den allgemeinen Verkehr hineinführt"[3]. In den übrigen Fällen erweiterte Verschuldenshaftung mit umgekehrter Beweislast, wie von Isaac vorgeschlagen. Verschuldens- und Gefährdungshaftung sind in dem Entwurf also miteinander verquickt.

Im Reichstag wurde die Regierungsvorlage heftig angegriffen, weil sie auf die Geschädigten nicht ausreichend Rücksicht nehme und durch die Verquickung von Gefährdungs- und Verschuldenshaftung eine unklare Rechtslage schaffe. Zur weiteren Beratung wurde eine Kommission von 21 Mitgliedern gewählt.

Diese Kommission beschloß die strikte Durchführung des Gefährdungsprinzips im Gesetz mit der Begründung: „Wer eine Gefahr heraufbeschwöre, habe auch die Folgen zu tragen, von denen nur der Nachweis, daß höhere Gewalt oder eigenes Verschulden des Verletzten vorgelegen habe, befreien könne[4]."

Bei der Aussprache im Plenum trat der Grundgedanke des KFG noch einmal klar hervor. „Die Tendenz des Gesetzes ist der Schutz des Publikums gegen die dem Automobilismus eigentümlichen Gefahren. Die Haftung aus BGB, die Verschulden erfordert, erschien bei den großen, dem Automobilismus innewohnenden eigentümlichen Gefahren nicht ausreichend[5]."

Am 1. 6. 1909 traten die Haftpflichtbestimmungen des KFG in Kraft.

2. Der Begriff des Kraftfahrzeugs.

Dem KFG unterliegen „alle Landfahrzeuge, die durch Maschinenkraft bewegt werden, ohne an Bahngleise gebunden zu sein" (§ 1, Abs. II). Die ursprüngliche Fassung „Wagen oder Fahrräder" änderte das Gesetz vom 21. 7. 1923 in „Landfahrzeuge", da die alte Begriffsbestimmung sich als zu eng erwiesen hatte. Als Kraftfahrzeuge im Sinne des § 1 sind also jetzt auch Kraftschlitten, Raupenfahrzeuge, Zugmaschinen und fahrbare Arbeitsmaschinen (Motorsäge usw.) anzusehen[6], dagegen fallen Kleinkrafträder bis 250 ccm nicht unter das Gesetz (§ 27)[7], und für Kraftfahrzeuge, die auf ebener Bahn eine auf 20 km/Std. begrenzte Geschwindigkeit nicht überschreiten können, gelten die Haftungsbestimmungen nicht (§ 8, Ziff. 2).

Diese Einschränkung wurde seinerzeit gemacht, weil solche Fahrzeuge „nicht wesentlich gefährlicher sind als Fuhrwerke, die durch tierische Kraft bewegt werden"[8].

---

[1] Isaac, S. 89. [2] StB 1907/9, Drucks. 988.
[3] Staatssekretär im Reichsjustizamt Nieberding vor dem Reichstag. StB 1908/9, 5265.
[4] Komm.-Bericht StB 1907/9, Drucks. 1250. [5] StB 1907/9, 7760.
[6] Müller, § 1A Ib, c. Hinsichtlich der Arbeitsmaschinen a. A. Haemmerle für Österreich, S. 14, wegen der Fassung „Straßenfahrzeug" des § 1, Abs. I ö.KFG.
[7] Der Begriff „Kleinkraftrad" ergibt sich aus § 67a StVZO.
[8] Motive zu § 2 StB 1907/9, Drucks. 988.

Nach der ursprünglichen Fassung galt § 8 nur für Fahrzeuge, die zur Beförderung von Lasten dienten, durch das Gesetz vom 21. 7. 1923 wurde diese Vergünstigung dann auf alle Fahrzeuge ausgedehnt.

3. Der Ersatzpflichtige.

Zum Ersatz verpflichtet ist in erster Linie der Halter (§ 7, Abs. I), d. h. derjenige, der das Fahrzeug zur Zeit des Unfalls für eigene Rechnung in Gebrauch hat und diejenige Verfügungsgewalt darüber besitzt, die solch Gebrauch voraussetzt[1]. Daher kommt es nicht entscheidend auf die zivilrechtliche Lage an, ob jemand Eigentümer, Besitzer oder Besitzdiener ist, „das Halterverhältnis ist ein wirtschaftliches und tatsächliches, kein rechtliches“[2]. Daher können auch mehrere Personen Halter sein, obgleich das Fahrzeug einem von ihnen allein gehörte[3], bei Abzahlungsgeschäften unter Eigentumsvorbehalt ist regelmäßig der Käufer als Halter anzusehen[4].

Neben oder an Stelle des Halters ist bei Schwarzfahrten auch der unbefugte Benutzer ersatzpflichtig (§ 7, Abs. III).

Der Führer eines Kraftfahrzeugs unterliegt einer zweifachen Ersatzpflicht, aus § 18 KFG und aus den allgemeinen Vorschriften des BGB, wie sich aus § 16 KFG ergibt. In beiden Fällen tritt seine Haftung nur ein, wenn ihn ein Verschulden trifft. Der Unterschied liegt in der Regelung der Beweislast. Nach KFG muß der Kraftfahrzeugführer den Entlastungsbeweis führen, um so den Beweisnotstand des Verletzten zu beheben. Als Ausgleich gelten für den Anspruch aus KFG die Höchstbeträge, der Ausschluß des Schmerzensgeldes, die kürzere Verjährung und die Anzeige- und Verwirkungsfrist §§ 10 bis 12, 14, 15. § 18 KFG bildet also den seltenen Fall einer im Gesetz vorgesehenen begrenzten Verschuldenshaftung.

Wenn der Verunglückte seine Ansprüche auf das BGB stützt, muß er das Verschulden des Kraftfahrzeugführers beweisen, kann aber vollen Schadensersatz verlangen.

4. „Beim Betriebe.“

Der Halter muß die Schäden ersetzen, die „bei dem Betriebe eines Kraftfahrzeugs“ sich ereignen. Der Entwurf von 1906, aus dem diese Fassung stammt, lehnte sich damit bewußt an § 1 RHG an, um die Rechtsprechung zum RHG für das KFG verwerten zu können[5].

Der Unterschied zum RHG liegt darin, daß es sich nicht, wie bei der Eisenbahn, um den Betrieb eines Unternehmens mit den verschiedensten Einrichtungen und Tätigkeiten, sondern um den Betrieb eines einzelnen Kraftfahrzeugs handelt, wie § 7 Abs. I zeigt[6].

Die Auslegung der Worte „bei dem Betriebe“ ist zwischen Schrifttum und Rechtsprechung strittig.

Das Schrifttum[7] versteht darunter nur die Zeit vom Ingangsetzen des Motors bis zu dem Augenblick, in dem die Wirkung der bestimmungsgemäßen Antriebskraft endet (technischer Betriebsbegriff), und begründet diese Auffassung mit dem allgemeinen Sprachgebrauch und dem Zweck des KFG. Dieses wolle das Publikum vor den besonderen Gefahren des Autos schützen, solche Gefahren könnten aber nur auftreten, wenn der Motor läuft, und das Fahrzeug in Bewegung sei.

---

[1] RG 77, 349; 93, 223; 120, 154 (159). [2] Bay.ObLG DJZ 1926, 1572.
[3] Müller, § 7 Abs. I. B IIIa.
[4] Müller, § 7 Abs. I. B IIIa; Haemmerle, S. 36; RG 87, 137 ff.
[5] Motive zu E I StB 1906, Drucks. 264.
[6] Ebenso Müller, § 7 Abs. I. B Ia, 1; RG. 122, 270. A. M. Eger, KFG § 7, S. 58
[7] Müller, § 7 Abs. I. B Ia, $2a_1$, b_1; Isaac, § 7, I A; Haemmerle, S. 23; Ric[h]. Müller, S. 32.

Das RG sieht diesen technischen, nach seiner Ansicht mechanischen Betriebsbegriff als zu eng an und entschied, ein Kraftfahrzeug sei auch dann noch im Betrieb, wenn es mit abgestelltem Motor auf der Straße steht, die Fahrt aber nur vorübergehend unterbrochen und das Endziel noch nicht erreicht ist. Es genüge, daß für einen bei dem Betrieb eingetretenen Schaden ein unmittelbarer örtlicher und zeitlicher Zusammenhang mit einem bestimmten Betriebsvorgang oder mit bestimmten Betriebseinrichtungen besteht, auch brauche der Unfall nicht durch eine nur dem Kraftfahrzeug eigentümliche Gefahr herbeigeführt zu sein[1]. Außer Betrieb sei ein Auto jedoch dann, wenn es wegen Benzinmangels liegen geblieben ist[2].

Der Klage eines Radfahrers, der durch das Öffnen der Tür eines haltenden Wagens vom Rad geworfen wurde, gab das RG statt[3], dagegen wies es die Klage eines Kraftfahrers ab, der im Nebel auf einen Lastzug aufgefahren war, der wegen Benzinmangels mitten auf der Straße liegen geblieben war[4].

5. Haftungseinreden und -grenzen.

Der wichtigste Unterschied zwischen KFG und RHG liegt darin, daß der Kraftfahrer seine Haftung leichter ausschließen oder beschränken kann.

Langsame Fahrzeuge und Kleinkrafträder fallen überhaupt nicht unter die Haftung des KFG[5], ebenso sind die Insassen und die beim Betriebe des Fahrzeugs tätigen Personen von der Haftung nach KFG ausgenommen (§ 8 Ziff. 1)[6]. Denn „da die verschärfte Haftung des Automobilhalters nur bezweckt, das Publikum vor den ihm aufgedrungenen Gefahren des Automobils zu schützen, müssen diejenigen Fälle ausscheiden, in welchen der Verletzte die Gefahr freiwillig übernommen hat“[7].

Während die Eisenbahn höhere Gewalt nachweisen muß, um sich von der Haftung zu befreien — und das ist ihr nach der Rechtsprechung des RG erst in sechs Fällen gelungen —, wird der Kraftfahrer schon frei durch den Beweis, daß der Unfall durch ein unabwendbares Ereignis verursacht war, das weder auf einem Fehler in der Beschaffenheit des Fahrzeugs noch auf einem Versagen seiner Vorrichtungen beruht.

Als die Reichstagskommission die Gefährdungshaftung des E I wiederherstellte, wurde dessen Entlastungsgrund „höhere Gewalt“[8] nicht übernommen. „Da von der Rechtsprechung der Begriff der höheren Gewalt zu weit ausgedehnt[9] worden sei, so könne man hier authentisch den Begriff festlegen, z. B. als unabwendbares Ereignis[10].“

In zweiter Lesung wurde dieser Begriff noch näher erläutert durch die Einfügung des Satzes: Als unabwendbar gilt ein Ereignis insbesondere dann, wenn es auf das Verhalten des Verletzten oder eines nicht bei dem Betriebe beschäftigten Dritten oder eines Tieres zurückzuführen ist, und sowohl der Halter als der Führer des Fahrzeugs jede nach den Umständen des Falles gebotene Sorgfalt beobachtet hat; denn „bei der Fassung nach den Beschlüssen in erster Lesung sei zu befürchten gewesen, daß die Judikatur des RG, die bei Anwendung des Begriffes höhere Gewalt in einzelnen Fällen bedenklich weit ge-

---

[1] RG JW 1912, 650; 126, 333; 132, 262.

[2] RG 122, 270; OLG Köln JW 1929, 952. [3] RG 126, 333.

[4] RG 122, 270. Das OLG Hamm dagegen gab der Klage eines Kraftfahrers statt, der auf den vorübergehend abgekoppelten unbeleuchteten Anhänger eines Lastzuges aufgefahren war. JW 1938, 2280.

[5] Vgl. S. 39 dieser Arbeit.

[6] Isaac, § 8 B 4 faßt „tätig“ zu eng auf und meint, der Omnibusschaffner, der für kurze Zeit müßig neben dem Wagen steht und durch eine Explosion verletzt wird, sei ersatzberechtigt. Daß Müller dieser Ansicht in § 8 A IIe folgt, ist nicht ersichtlich.

[7] Motive zu § 2 StB 1907/9, Drucks. 988. [8] E I § 1 Abs. II; StB 1905/6, Drucks. 264.

[9] Wohl richtiger „zu sehr eingeengt“. [10] StB 1907/9, Drucks. Nr. 1250, S. 7582.

gangen sei, dennoch, obgleich dies nicht die Absicht der Kommission sei, hierher übernommen werden könnte"[1].

Aus diesen Beratungen ergibt sich also schon, daß unabwendbares Ereignis weiter ist als höhere Gewalt. Für Fehler des Fahrzeugs und das Versagen seiner Vorrichtungen muß der Kraftfahrer zwar ohne Rücksicht auf Unabwendbarkeit haften (§ 7 Abs. II Satz 2), die Einwirkung von außen ist aber, anders als bei höherer Gewalt, kein Wesensmerkmal des unabwendbaren Ereignisses, auch Betriebsgefahren können ein solches sein[2]. Ebenso verlieren Ereignisse, die mit gewisser Regelmäßigkeit wiederkehren, nicht allein deswegen — wie im RHG — ihren Charakter als unabwendbares Ereignis[3].

Der Kraftfahrer, der sich auf den Haftungsbefreiungsgrund des § 7 Abs. II berufen will, muß demnach beweisen,

1. daß der Unfall nicht auf einem Fehler des Fahrzeugs oder einem Versagen seiner Vorrichtungen beruht, sondern vielmehr
2. auf einem Verhalten[4] des Verletzten, eines Dritten oder eines Tieres, und
3. daß Halter und Führer des Fahrzeugs jede nach den Umständen des Falles gebotene Sorgfalt beobachtet haben.

Eine Sonderregelung gilt bei Schwarzfahrten (§ 7 Abs. III).

Nach dem Gesetze von 1909 lautete § 7 Abs. III: „Wird das Fahrzeug ohne Wissen und Willen des Fahrzeughalters von einem anderen in Betrieb gesetzt, so ist dieser an Stelle des Halters zum Ersatz verpflichtet." Denn „in einem solchen Falle würde es offenbar der Billigkeit widersprechen, wenn man die Haftung dem Halter auferlegen wollte"[5].

Diese Schutzvorschrift zugunsten des Halters wurde durch die Auslegung des RG in ihrer Bedeutung erheblich abgeschwächt. Wenn nämlich das Fahrzeug einmal mit Wissen und Willen des Halters in Betrieb gesetzt war, z. B. durch den Auftrag an den Fahrer, mit dem Wagen eine Besorgung zu machen, und der Fahrer dann diese Fahrt zu Privatzwecken auftragswidrig ausdehnte, sah das RG diese Privatfahrt als Fortsetzung des mit Wissen und Willen des Halters begonnenen Betriebes an und ließ den Halter haften. Auch wenn der Fahrer auf seinem Ausflug unterwegs anhielt, um ein Volksfest zu besuchen und erst nach mehreren Stunden weiterfuhr, war es noch keine Schwarzfahrt, weil er das Fahrzeug nicht neu in Betrieb gesetzt hatte. Nach der Rechtsprechung liegt eine neue Inbetriebsetzung nämlich nur vor, falls das Fahrzeug sich vorher im Zustand der Ruhe und Betriebslosigkeit befunden hatte, ein Zustand, der erst nach Beendigung der Reise, nicht aber schon durch vorübergehenden Aufenthalt eintritt[6]. „Vorübergehender Aufenthalt" ist jedoch kein klarer Begriff.

Diese unsichere Rechtslage wollte der Reichstagsausschuß beseitigen, als er im § 7 Abs. III bei der Beratung des Abänd.Ges von 1923 die Worte „in Betrieb setzt" durch „benutzt" ersetzte[7].

Entscheidend ist also jetzt nicht mehr die Unerlaubtheit der Inbetriebsetzung, sondern die der Benutzung zur Zeit des Unfalls. Der erwähnte Ausflug des Chauffeurs wäre z. B. unerlaubt, da er völlig aus dem Rahmen des erteilten Auftrags herausfällt.

---

[1] StB 1907/9, Drucks. Nr. 1250, S. 7583.

[2] Müller, § 7, Abs. II A Ib; Isaac, § 7 VII B 2. A. A. Haemmerle, S. 58, 60, der Einwirkung von außen für erforderlich hält.

[3] RG JW 1913, 218.

[4] Verschulden ist nicht erforderlich. Müller, § 7, Abs. II A 2a 1; RG 92, 38; Recht 1920 Nr. 750; anders § 2 Abs. I ö.KFG.

[5] Motive zu § 1 StB 1907/9, Drucks. 988.

[6] RG 77, 348; Recht 1914 Nr. 986; DJZ 1919, 598.

[7] StB 1920/23, Drucks. 6050; Müller, § 7 Abs. III, Vorbem. § 7 Abs. III, Satz I lautet also jetzt: Benutzt jemand das Fahrzeug ohne Wissen und Willen des Fahrzeughalters, so ist er an Stelle des Halters zum Ersatz verpflichtet.

Andererseits erhöht aber das zitierte Gesetz die Verantwortlichkeit des Halters. Er muß neben dem Schwarzfahrer dem Geschädigten haften, „wenn die Benutzung des Fahrzeugs durch sein Verschulden ermöglicht worden ist“ (§ 7 Abs. III S. 2).

Für die Haftung aus KFG sind in § 12 Höchstsummen festgesetzt, daneben bleiben dem Verunglückten weitere Ansprüche aus den Vorschriften des BGB vorbehalten (§ 16). Allerdings muß er dann ein Verschulden des Halters oder Führers nachweisen.

Ein solcher Beweis wird dem Verletzten durch die Rechtsprechung jedoch sehr erleichtert; denn das RG hat die Anforderungen an die Sorgfaltspflicht des Kraftfahrers außerordentlich hoch gespannt[1].

---

[1] Dafür einige Beispiele:

RG 138, 320: Der Bekl. hatte seinen Wagen stehen lassen, ohne die Wagentüren abzuschließen, und nur den Zündschlüssel abgezogen. Bei einer Schwarzfahrt junger Burschen wurde der Kl. verletzt. Der Bekl. wird verurteilt, weil er die Schwarzfahrt schuldhaft ermöglicht habe.

„Das BG sieht sein Verschulden einmal darin, daß er die Wagentüren nicht abgeschlossen und ferner darin, daß er die Verteilerklaue nicht herausgenommen habe“.

Das RG führt aus, das Abziehen des Zündschlüssels sei nicht ausreichend. Ein Verschulden im Sinne des § 7 Abs. III, S. 2, liege darin, daß der Beklagte das Abschließen der Wagentüren unterlassen habe.“ „Auch die Auffassung des BG endlich, daß den selbstfahrenden Halter ein Verschulden nach § 7 Abs. III S. 2 treffe, wenn er die Herausnahme der Verteilerklaue unterlasse, kann nach den getroffenen tatsächlichen Feststellungen nicht aus Rechtsgründen beanstandet werden.“

Zur Verschuldenshaftung des Führers wird ausgeführt, „der Wagen des Bekl. wurde in einer Großstadt zur Zeit der Dunkelheit auf einer belebten Straße ohne Aufsicht und ohne weitere Sicherungsmaßnahmen als die Entfernung des Anlasserschlüssels vom Führer stehen gelassen. Dies geschah zu einer Zeit, als gerade in Köln schon seit Jahren Kraftwagendiebstähle in außerordentlich hoher Zahl vorgekommen waren. Unter so außergewöhnlichen Umständen hätte es schon die allgemeine Verkehrssorgfaltspflicht dem Bekl. geboten, außergewöhnliche Vorsichtsmaßnahmen zu treffen, um die Benutzung seines Fahrzeugs mit Sicherheit zu verhindern. Da solche Maßnahmen durch Anbringung oder Wegnahme von Vorrichtungen an dem Fahrzeug unstreitig nicht getroffen werden können, so hätte der Beklagte, als er den Wagen verließ, entweder eine verläßliche Aufsichtsperson anstellen oder aber den Wagen für die Dauer seiner Abwesenheit in einem Schuppen unterbringen müssen“.

RG VAE 1936 S. 128: Der Bekl. war Schüler, K. Lehrer einer Motor-SA-Schule. Sein eigenes Auto, das er für persönliche Zwecke verwendete, hatte er mit Zustimmung der Schule in deren Fahrzeughalle abgestellt und den Zündschlüssel abgezogen. Am Eingang zu dem Hofe, auf dem die Halle war, befand sich eine SA-Wache, die auch die Vorgänge in der Halle selbst beobachten konnte. K. ersetzte den Zündschlüssel durch ein Taschenmesser, benutzte so den Wagen des Beklagten zu einer Schwarzfahrt und tötete einen Menschen. Das RG gab der Klage aus § 7 Abs. III S. 2 statt. Das Abziehen des Zündschlüssels genüge nicht. „Bedeutsamer ist die Erwägung, daß die in der Halle befindlichen Fahrzeuge ständig unter Aufsicht der SA-Wache gestanden hätten. Das BG stellt fest, daß die Wachtposten gegenüber den Mitgliedern des Lehrpersonals keinerlei Kontrollbefugnisse hatten. Diese hatten unbeschränkten Zugang zur Halle, konnten also auch die Kraftwagen der Lehrgangsteilnehmer vom Halter unbeobachtet für sich verwenden. Es ist nicht ersichtlich, was der Bekl. getan hat, um *dieser* Sachlage Rechnung zu tragen. Es war seine Pflicht, sich rechtzeitig darüber zu vergewissern, ob die Personen, welche freien Zutritt zur Halle hatten, so zuverlässig waren, daß keine einigermaßen sichere Vorsichtsmaßnahme in Hinsicht auf die unbefugte Benutzung der Kraftwagen erforderlich war. Über die persönliche Zuverlässigkeit der Lehrpersonen hat der Beklagte nach dieser Richtung überhaupt keine Erkundigungen eingezogen. Daß K. unzuverlässig war, ergeben die vom BG herangezogenen Strafakten. Nach dem bisher festgestellten Sachverhalt ist anzunehmen, daß der Beklagte die zur Verhütung von Schwarzfahrten erforderliche größte Sorgfalt vor dem Unfall nicht beobachtet hat“.

RG. DAR. 1931, 14: An einem unübersichtlichen Bahnübergang, dessen Schranken offen standen, erfolgte ein Zusammenstoß zwischen Zug und Auto. „Die Str.K. führte aber weiter aus, der Angeklagte habe sich trotz der offenstehenden Schranken nicht darauf verlassen dürfen, daß die Strecke frei sei. Die Nachlässigkeit des Schrankenwärters schließe seine eigene Verantwortung und Sorgfaltspflicht nicht aus. Der Fahrzeugführer sei vielmehr je nach den Umständen verpflichtet, sich mit Schrittgeschwindigkeit an den Bahnübergang heranzutasten oder sogar anzuhalten, das Fahrzeug zu verlassen und Umschau zu halten“. Es wird ausgeführt, daß ein solches Verhalten hier zwecklos gewesen wäre. „Es wäre aber zu prüfen gewesen, ob der Angeklagte nicht auf

Über die Berücksichtigung verkehrswidrigen Verhaltens anderer Wegebenutzer durch den Kraftfahrer stellt das RG folgenden Grundsatz auf: „Wenn nach der gewöhnlichen Lebenserfahrung keine Gefährdung zu erwarten steht, kann der Kraftfahrer nicht verpflichtet sein, mit einer solchen nicht voraussehbaren Behinderung durch unvorschriftsmäßiges Verhalten anderer zu rechnen. Anders ist es jedoch dann, wenn alte und gebrechliche Leute oder Kinder als Wegebenutzer in der Fahrtrichtung auf der Fahrbahn sind. Mit Verkehrswidrigkeiten solcher muß er rechnen[1].

Die Verkehrswidrigkeit solcher Wegebenutzer geht also zu Lasten des Kraftfahrers.

T r e n d e l kennzeichnet sehr treffend diese Rechtsprechung, wenn er schreibt[2], sie habe zum Schlagwort von der göttlichen Allwissenheit geführt, die den Motorfahrer auszeichnen müsse, da er von jedem Lebewesen vorauszusehen habe, was es im nächsten Augenblick zu tun gedenke.

6. D i e R e i c h s p o s t.

Eine Sonderstellung nehmen die Kraftposten der Deutschen Reichspost ein. Für Schäden unbeteiligter Dritter ist nach dem KFG Ersatz zu leisten. Die Insassen stehen aber günstiger.

Bisher wurden nach § 11 Postgesetz bei Reisen mit den ordentlichen Posten im Falle der körperlichen Verletzung eines Reisenden die Kur- und Verpflegungskosten ersetzt, außer bei höherer Gewalt oder eigenem Verschulden des Verletzten. Für verminderte Erwerbsfähigkeit wurde dagegen kein Ersatz geleistet. Bei Sonderfahrten oder bei Tötung bekamen der Verunglückte bzw. die Hinterbliebenen überhaupt nichts.

Diese sonderbare und höchst unbillige Regelung war aus § 15 des Preußischen Postgesetzes von 1852 übernommen, sie hat bis zum 6. 7. 1938 gegolten, also das ehrwürdige Alter von 86 Jahren erreicht. Praktisch spielte diese Bestimmung aus der Zeit der Postkutsche schon seit 1927 keine große Rolle mehr, da seitdem die Insassen bei allen Fahrten von der Lösung der Fahrkarte an gegen Unfälle versichert waren[3].

Die VO zur Änderung und Ergänzung der Postordnung vom 6. 7. 1938[4] schuf eine großzügige und zeitgemäße Neuregelung. „Wird ein Reisender im Postreisedienst getötet oder verletzt, so ist die Post verpflichtet, dem Verletzten den daraus entstandenen Schaden zu ersetzen. Hierfür gelten die Vorschriften des § 7 Abs. II, 9, 10, 11, 12 Abs. I Ziff. 1, 13 und 16 des Gesetzes über den Verkehr mit Kraftfahrzeugen entsprechend" (§ 65 der zitierten VO).

Das Haftungsprivileg der Reichspost ist damit beseitigt. Die Insassen erhalten bei Unfällen Schadensersatz in dem Umfang, den das KFG bei Verletzungen Dritter vorsieht. Bemerkenswert ist, daß § 12 Abs. I Ziff. 2 nicht übernommen worden ist. Bei Verletzung mehrerer Personen tritt also keine verhältnismäßige Minderung ihrer Ansprüche ein, da keine Gesamthöchstsumme für ein einzelnes Ereignis festgesetzt ist.

C. Die Luftfahrt[5].

1. G e s c h i c h t e.

Sobald Eisenbahn und Kraftwagen über das Stadium der Experimente hinaus waren und als selbständige Verkehrsträger auftraten, wurde die Haftung für von ihnen verur-

eine andere Art den Unfall hätte verhüten können, z. B. dadurch, daß er sich zunächst bei dem Schrankenwärter erkundigt hätte".

Diese „Pflicht zum Mißtrauen" wird in neuen Entscheidungen ausdrücklich aufrecht erhalten. RG JW 1938, 31; VerkR 1938, 824.

[1] RG ständig z. B. RdK 1937, 15, Nr. 12; JW 1936, 453 Nr. 16 und 1375 Nr. 20.

[2] DAR. 1934, 4.

[3] N i g g l, § 11, 16, Anm. 7.

[4] Amtsblatt des Reichspostmin. 1938, 403 ff.

[5] Der Begriff des Luftfahrzeugs ergibt sich aus § 1 Abs. II LVG.

sachte Schäden durch ein ihrer Eigenart entsprechendes Spezialgesetz geregelt. Ebenso verlief die Entwicklung in der Luftfahrt.

Der erste Entwurf für ein Lufthaftpflichtgesetz stammt aus dem Jahre 1914[1]. Er sah wie der Regierungsentwurf zum KFG. von 1908 erweiterte Verschuldenshaftung vor, zusätzlich einer Gefährdungshaftung für fehlerhafte Beschaffenheit des Flugzeugs. Ebenso wie im KFG-Entwurf war die Beweislast umgekehrt, der Verletzte sollte nur den ursächlichen Zusammenhang zu beweisen brauchen; Sache des Luftfahrers war es dann, sich zu entlasten. Auf Insassen sollte sich die Haftung nicht erstrecken, weil sie sich ja freiwillig in Gefahr begeben.

Die Begründung zu diesem Entwurf lehnte die Gefährdungshaftung ab, da die Rechtsprechung Witterungseinflüsse weder als höhere Gewalt noch als unabwendbares Ereignis ansähe, der Halter also auch hierfür haften würde. Eine derartige Ausdehnung der Haftung bedeute aber den wirtschaftlichen Ruin der jungen Luftfahrtindustrie.

Im Reichstag wurde der Entwurf scharf angegriffen und die Gefährdungshaftung gefordert, weil gerade im Luftverkehr besonders oft Schäden ohne Verschulden eines Menschen oder Fehler des Flugzeugs einträten. Eine scharfe Haftung sei durchaus angebracht, damit das Publikum zum Luftverkehr Vertrauen bekäme[2].

Der Krieg unterbrach diese Beratungen. Erst im Juli 1921 legte die Regierung dem Reichstag einen neuen Entwurf vor, der ohne Debatte angenommen wurde.

„Wird beim Betrieb eines Luftfahrzeugs durch Unfall jemand getötet, sein Körper oder seine Gesundheit verletzt . . . , so ist der Halter des Luftfahrzeugs verpflichtet, den Schaden zu ersetzen" (§ 19 LVG).

Das Gesetz erfüllt also die anläßlich des 1. Entwurfes im Reichstag und in der Presse erhobenen Forderungen und sieht die reine Erfolgshaftung vor.

2. Der Ersatzpflichtige.

Wie im KFG ist auch im LVG ersatzpflichtig der Halter, d. h. „wer das Luftfahrzeug für eigene Rechnung in Gebrauch hat und diejenige umfassende Verfügungsgewalt darüber besitzt, die solch Gebrauch voraussetzt", ohne Rücksicht auf die Eigentumsverhältnisse[3].

An seiner Stelle ist nach § 19 Abs. II ein unbefugter Benutzer des Flugzeugs (Schwarzfahrer) ersatzpflichtig, wenn der Halter beweist, daß die Benutzung nicht durch sein Verschulden ermöglicht wurde. Sonst bleibt er dem Geschädigten neben dem Schwarzfahrer verpflichtet.

Anders als das KFG sieht das LVG jedoch eine Haftung des Führers nicht vor[4].

3. „Beim Betriebe."

Zu ersetzen sind Unfälle, die sich „beim Betriebe eines Luftfahrzeugs" ereignen. Um den Betriebsbegriff des LVG hat sich der gleiche Streit entwickelt wie im KFG[5]. Der technische Betriebsbegriff wird von Bredow-Müller[6] vertreten. Eine im Schrifttum weit verbreitete Meinung[7] versteht unter Betrieb das Einwirken der dem Luftverkehr eigentümlichen Betriebskräfte auf das Luftfahrzeug, also Motor und Wind, auch wenn im einzelnen Falle die Einwirkung nicht beabsichtigt ist, z. B. Losreißen eines

---

[1] StB 1914 Nr. 1338. Weitere Materialien zum LVG E. II StB 1921, Drucks. 2504. 1. Lesung StB 1921, 4583; Kommissionsberichte StB 1921, Drucks. 4576, 5218. Zweite und dritte Lesung und Abstimmung StB 1922, 6086 ff., 8731.

[2] StB 1914, 8043 ff.

[3] Motive zu §§ 15, 16, StB 1920/21, Drucks. 2504; OLG Hamm, ArchLR 4, 274.

[4] Er haftet nur nach BGB, § 28 LVG.

[5] Vgl. S. 40 dieser Arbeit. [6] § 19 B, Ia 2.

[7] Schleicher, § 19, 3; Rich. Müller, S. 32; Trusen, ArchLR 3, 179; Römer, ArchLR 5, 168; Dr. Münster, DJZ 1936, 287.

Luftschiffes vom Ankermast im Sturm. Sie geht somit weiter als Bredow-Müller, bleibt aber zurück hinter Kilkowski[1], der auch sonstige Handlungen einbezieht, soweit mit ihnen die dem Luftverkehr eigentümlichen Gefahren verbunden sind.

Ohne diese Einschränkung rechnen auch alle Vorbereitungs- und Versorgungshandlungen nach dem Fluge zum Betrieb Röhm[2], Koffka[3], das RG[4] und die Motive[5].

4. Haftungseinreden und Grenzen.

Nach dem LVG kann sich der Halter weder auf höhere Gewalt berufen noch darauf, daß der Verunglückte als Fluggast oder Betriebsangestellten sich selbst in die Gefahr begeben habe. Für diese scharfe Haftung war die Erwägung ausschlaggebend, „daß solche Gefahrübernahme die im Interesse der Allgemeinheit liegende Entwicklung des neuen Verkehrsmittels fördert“[6].

In § 23 sind für die Haftung Höchstgrenzen festgesetzt, dem Geschädigten bleiben aber Ansprüche aus BGB vorbehalten (§ 28).

5. Warschauer Abkommen und Iata-Bedingungen.

In der Praxis spielen die Haftungsregeln des LVG eine sehr geringe Rolle. Da die Luftfahrt ihrem Wesen nach über die Landesgrenzen hinausgreift, ergab sich die Notwendigkeit einer internationalen Regelung. Sie ist niedergelegt im I. Internationalen Abkommen zur Vereinheitlichung des Luftprivatrechts vom 12. 10. 1929 (Warschauer Abkommen), das von Deutschland am 30. 9. 1933 ratifiziert worden ist[7].

Es gilt für alle Schäden, die Reisende bei internationalen Reisen an Bord der Luftfahrzeuge und beim Ein- und Aussteigen erleiden (Art. I, 17).

Der Luftfrachtführer braucht nicht zu haften, falls er beweist, daß er und seine Leute alle erforderlichen Maßnahmen zur Verhütung des Schadens getroffen haben, oder daß sie diese Maßnahmen nicht treffen konnten (Art. 20).

Als Haftungsgrenze werden Frs. 125000 pro Person festgesetzt (Art. 22).

Damit ist die reine Erfolgshaftung aufgegeben, an ihre Stelle tritt eine erweiterte Verschuldenshaftung (kein § 831 BGB) mit umgekehrter Beweislast.

Auf den Regeln des Warschauer Abkommens bauen sich die sog. Iata-Bedingungen (International Air Traffic Association) für den Luft-Personenverkehr auf, die zugleich die Beförderungsbedingungen der Deutschen Lufthansa, Mitglied der Iata, sind.

Sie gelten für internationale und für nationale Beförderungen (Art. 1 § 1). Im Rahmen des Warschauer Abkommens, also erweiterte Verschuldenshaftung mit umgekehrter Beweislast, wird für Personenschäden während des Fluges und beim Ein- und Aussteigen gehaftet (Art. 19 § 1 Abs. Ia, Art. 18 § 2, Art. 19 § 1 Abs. III). Die Haftungsgrenze beträgt 20000 RM (Art. 19 § 2).

Im Art. 18 § 5 zeichnet sich die Lufthansa von jeder weiteren Haftung über diese Beförderungsbestimmungen hinaus frei, insbesondere also von der Haftung für höhere Gewalt und der nach BGB.

Ein so weitgehender Haftungsausschluß erweckt notwendigerweise Zweifel an seiner Zulässigkeit wegen § 138 BGB. Im Speditionsrecht hat das RG den Satz aufgestellt, die Freizeichnung sei stets dann sittenwidrig, wenn sie dem Vertragsgegner unter Mißbrauch eines tatsächlichen oder rechtlichen Monopols aufgezwungen sei, und dadurch dem Verkehr unbillig große Opfer auferlegt würden[8]. Diesen Grundsatz wird man auch für den Luftverkehr anwenden dürfen.

---

[1] Kilkowski, S. 7. [2] Röhm, S. 13 ff. [3] Koffka, § 19 II, 1a.
[4] RG 132, 265. [5] Motive §§ 15, 16 StB 1920/21, Drucks. 2504.
[6] Motive §§ 15, 16, StB. 1920/21, Drucks. 2504.
[7] RGBl 1933, Teil II, S. 1039. [8] RG 99, 107; 102, 396; JW 1926, 570.

Im Jahre 1925 verneinte das RG die Sittenwidrigkeit der Freizeichnung, da die Allgemeinheit nicht auf den Luftverkehr angewiesen sei, ebenso entschied das LG Berlin im Jahre 1927 [1].

Heute sind zumindest bestimmte Berufsgruppen (Industrie, Großkaufleute) auf die Reisen im Flugzeug angewiesen, von breiten Kreisen unseres Volkes werden die Flugzeuge neben der Eisenbahn regelmäßig benutzt. Unter diesen Umständen ist die Begründung des RG heute überholt.

Die Lufthansa besitzt ein tatsächliches Monopol, die Freizeichnung ist aber deswegen nicht sittenwidrig, weil sie dem Verkehr keine unbilligen Opfer auferlegt. Was für internationale Flüge Recht ist, kann bei nationalen Flügen nicht plötzlich Unrecht sein [2]. Außerdem bedürfen Luftfahrtunternehmen nach § 11 LVG der staatlichen Genehmigung. Diese wird ihnen aber nur erteilt, wenn sie bei Freizeichnung für jeden ihrer Fluggäste eine Unfallversicherung in Höhe der in § 23 Abs. I Nr. 1 LVG genannten Beträge abschließen [3].

D. See- und Binnenschiffahrt.

Von allen modernen Verkehrsmitteln ist die Schiffahrt der schwächsten Haftung unterworfen. Der Reeder eines Seeschiffes oder der Schiffseigner eines Binnenschiffes haften nur bei Verschulden. In einer Richtung wird ihre Haftung erweitert, sie müssen für Verschulden der Schiffsbesatzung wie für eigenes einstehen, § 485 HGB, § 3 Binn SchGes. Auf der anderen Seite aber wird diese Haftung wieder eingeschränkt durch die Begrenzung auf Schiff und Fracht, § 486 Ziff. 1—3 HGB, § 4 BinnSchGes. Zur Sicherstellung ihrer Ansprüche sind die Geschädigten kraft Gesetzes Schiffsgläubiger, § 457 Ziff. 8 u. 9 HGB, § 102, 5 BinnSchGes.

Diese gegenüber den andern Verkehrsmitteln milde Haftung stammt noch aus der Zeit, wo das Segelschiff der Hauptverkehrsträger war [4]. Eine schärfere Haftung wäre damals bei dem großen Risiko für die Reeder untragbar gewesen.

Obgleich heute die Gefahren der Seefahrt durch die Fortschritte der Schiffbautechnik und der Funktelegraphie auf ein Minimum herabgesetzt sind, tragen die Reeder nicht einmal dieses Risiko, sondern zeichnen sich für Vorsatz und Fahrlässigkeit der Schiffsbesatzung frei (Negligence-Klausel) und verweisen den Reisenden auf den Abschluß einer Personenversicherung [5]. Eine solche Freizeichnung verstößt weder gegen § 276 Abs. 2 noch gegen § 138 BGB und wird von Schrifttum und Rechtsprechung für zulässig gehalten, weil der Geschädigte sich durch Versicherung ausreichend schützen könne [6].

Ein Verschulden des Reeders oder eines leitenden Betriebsangestellten wird bei Unfällen auf dem Schiff regelmäßig nicht vorliegen, der Reeder haftet also praktisch nie. Da — anders als bei der Güter-Seeversicherung — der Abschluß einer Personen-Unfallversicherung nicht allgemein üblich ist, bleibt der Geschädigte in den meisten Fällen ohne jede Sicherung seiner Ansprüche.

In früheren Fällen, wo die Freizeichnung Unklarheiten über ihre Ausdehnung ließ, hat das RG geholfen, indem es solche Unklarheiten zu Lasten des Reeders gehen und ihn haften ließ. Heute haben die Syndici der Reedereien diesen Wettlauf mit dem RG wohl endgültig zu ihren Gunsten entschieden.

---

[1] RG 117, 102; LG Berlin JW 1930, 1990.

[2] Wie hier Koffka § 19, IV 2a,b. A. A. Röhm, S. 93.

[3] LVO. § 42 Abs. 2, § 119, Auflagen des RLM. § 5.

[4] Die heutige Regelung ist wörtlich aus § 451, 452 AHGB übernommen.

[5] Allg.Beförd.Best. der Hapag, Nordd. Lloyd, Hamburg-Süd, ebenso für Güter Art. IV 2a der Haager Regeln.

[6] Gierke, J. v., § 79 VIII, S. 804; Schaps, § 485 Anm. 17. Für Güter RG 81, 16 ff., 120, 42 ff.; nach RG 116, 213 aber auch für Personenschäden zulässig.

E. Gemeiner Landverkehr.

Unter „gemeiner Landverkehr" möchte ich alle nicht mit Maschinenkraft angetriebenen Fahrzeuge zusammenfassen, also Fuhrwerke, Radfahrer usw., aber auch die Fußgänger, obgleich sie nicht Verkehrsträger im engeren Sinne sind.

Wenn man im Zusammenhang mit Verkehrsunfällen von Fußgängern hört, denkt man meist an sie als an die bedauernswerten Opfer des Verkehrs und vergißt darüber ganz, daß Fußgänger sehr wohl auch Urheber von Verkehrsschäden sein können[1].

Diese Wegebenutzer haften nach den Vorschriften des BGB, also Verschuldenshaftung. Eine Verschärfung für die Zukunft ist meines Erachtens nicht notwendig. Falls sie einen Schaden anrichten, trifft sie eigentlich auch immer ein Verschulden, eine Anspruchsgrundlage für den Geschädigten ist also regelmäßig vorhanden. Das Durchgehen von Pferden ist eine zu seltene Ausnahme.

F. Gemeinsame Bestimmungen im altreichsdeutschen Verkehrsrecht.

1. Eigenes Verschulden des Verletzten.

Bei Verkehrsunfällen jeder Art kann sich der Schädiger zur Milderung seiner Haftung auf das mitwirkende Verschulden des Verletzten berufen[2].

Ein Verschulden des Verletzten setzt aber stets voraus, daß ihm seine Handlungsweise zugerechnet werden kann, er muß also zur Zeit des Unfalls deliktsfähig im Sinne der §§ 827, 828 BGB gewesen sein. Daher führt das verkehrswidrige Verhalten von Kindern unter 7 Jahren, das oft bei Unfällen eine Rolle spielt, zu keiner Anspruchsminderung nach § 9 KFG[3], bei Kindern über 7 Jahren entscheidet die Fähigkeit, die Verkehrsgefahren zu erkennen. Wenn sie schon vorhanden ist, kann sich der Schädiger auf § 254 BGB berufen[4].

Falls ein Erfüllungsgehilfe oder der gesetzliche Vertreter des Verletzten es schuldhaft unterläßt, für die *Abwendung* oder Minderung des Schadens zu sorgen, so muß der Verletzte sich dieses Verschulden seines Vertreters anrechnen lassen (§ 278, 254 Abs. II S. 2)[5].

Strittig ist jedoch, wie weit der Geschädigte ein mitwirkendes Verschulden seiner Leute bei *Entstehung* des Schadens gegen sich gelten lassen muß. *Eger* läßt diesen Einwand nicht zu, das Verhalten des Beauftragten schade dem Geschäftsherrn nicht[6].

Das RG. und ein Teil des Schrifttums[7] lassen den Geschädigten nur im Rahmen des § 831 für seine Leute einstehen, nach § 278 brauche er sich ihr mitwirkendes Verschulden nicht anrechnen zu lassen. Zur Begründung wird angeführt, der *Schädiger* hafte für Hilfspersonen im Gebiete der unerlaubten Handlung nur nach § 831; deshalb solle der *Geschädigte* nicht schlechter gestellt werden und für seine Hilfspersonen nach § 278

---

[1] Ein alltäglicher Fall: Ein alter Mann läuft unüberlegt über die Straße und veranlaßt so, daß ein Kraftfahrer beim Ausweichen im letzten Moment ins Schleudern kommt und gegen einen Baum prallt.

[2] § 1 RHG, § 9 KFG, § 20 LVG. Bei Flugzeugunfällen führt jedoch leichte Fahrlässigkeit zu keiner Anspruchsminderung, § 2d Fluggast-Vers.Bed. der Allianz.

[3] Ihr Verhalten ist auch kein unabwendbares Ereignis im Sinne des § 7 Abs. 2 KFG, da nach der Rechtsprechung der Kraftfahrer mit einem solchen Verhalten rechnen muß (vgl. S. 44).

[4] RG 59, 221; 68, 423.

[5] Z. B. der Vater schickt seinen verkehrsverletzten Sohn nicht zum Arzt, das gebrochene Bein heilt schlecht an und bleibt steif. RG JW 1938, 179.

[6] KFG § 9, S. 220 f.f

[7] RG 62, 349; 75, 258; 140, 7. A. M. früher der VII. Senat, RG 62, 106. Jetzt übereinstimmend JW 1938, 178; *Müller*, § 9 B III A; *Warneyer*, § 254 V; *Soergel*, § 254 IV 7, RGR § 254, 3.

haften. Weiter fordert § 278 ein Handeln „in Erfüllung einer Verbindlichkeit", zwischen Schädiger und Geschädigtem bestände aber vorher noch keine Verbindlichkeit.

Eine große Anzahl Schriftsteller[1] will jedoch den Geschädigten für seine Hilfspersonen stets nach § 278 haften lassen. Sie behaupten eine „Pflicht des Geschädigten gegen sich selbst", Schäden abzuwenden, der Geschädigte müsse für ein Verschulden seiner Hilfspersonen in Ausübung dieser Pflicht stets haften.

Die Minderung des Schadensersatzanspruchs steht im freien Ermessen des Richters[2]. Abzuwägen sind die Verursachung und das Maß des beiderseitigen Verschuldens. Entscheidend für die Herabsetzung des Anspruchs sind die gesamten Umstände, die Verursachung ist dabei als besonders wichtiger Umstand vom Gesetz hervorgehoben und muß daher in erster Linie berücksichtigt werden[3].

Vor dem Inkrafttreten des BGB hatten sich aus der Fassung des § 1 RHG Zweifel ergeben, ob bei Mitverursachung durch den Verletzten der Schaden verhältnismäßig zu verteilen sei, oder ob er von dem allein getragen werden müsse, der ihn vorwiegend verursacht habe. Früher wurde eine Schadensteilung meist abgelehnt[4], nach Inkrafttreten des BGB wurde diese Streitfrage aber zugunsten der verhältnismäßigen Schadensteilung nach § 254 BGB. entschieden[5].

2. Der Vorbehalt sonstiger Reichsgesetze.

Als weitere gemeinsame Bestimmung findet sich in § 9 RHG, § 18 KFG und § 28 LVG der Vorbehalt sonstiger reichsgesetzlicher Vorschriften, also praktisch des BGB. Welchen Wert hat dieser Vorbehalt für den Verletzten?

Nach den Verkehrsgesetzen werden Heilungskosten, Entschädigung für Erwerbsminderung und Vermehrung der Bedürfnisse, bei Tötung auch Beerdigungskosten und entgangener Unterhalt ersetzt, außerdem nach LVG Entschädigung für Erschwerung des Fortkommens.

Bei einer Klage aus BGB kann der Verletzte darüber hinaus noch Schmerzensgeld, Ersatz für entgangene Dienste und für Erschwerung des Fortkommens verlangen, §§ 842, 845, 847 BGB. Besonders wichtig für den Verunglückten ist es, daß bei Ansprüchen aus BGB keine Haftungsgrenze besteht.

Dieser Vorbehalt hat also für den Geschädigten namentlich bei der heutigen Rechtsprechung des RG. eine sehr große Bedeutung.

3. Verjährung der Ansprüche und Anzeigepflicht.

Ein weiterer Vorteil des BGB-Vorbehalts liegt in der längeren Verjährungsfrist von drei Jahren ab Kenntnis des Unfalls und der Person des Ersatzverpflichteten (§ 852 BGB), während die Verkehrsgesetze diese Frist auf zwei Jahre abkürzen, das RHG sogar auf zwei Jahre ab Unfall ohne Rücksicht auf Kenntnis des Ersatzverpflichteten. Weil der Verkehrsunternehmer schärfer haftet und seinerseits den Entlastungsbeweis führen muß, soll der Verletzte seine Ansprüche möglichst bald geltend machen, damit der Schädiger sich gegebenenfalls entlasten kann, und die nötigen Beweismittel noch vorhanden sind[6].

Aus dem gleichen Grunde verpflichten § 15 KFG und § 26 LVG den Verunglückten, innerhalb zwei bzw. drei Monaten nach Kenntnis des Ersatzverpflichteten diesem den

---

[1] Staudinger, § 254, 2e; Planck, § 254, 5; Oertmann, § 254, 5b; Enneccerus, S. 804.

[2] RG JW 1938, 105 Nr. 2.

[3] RG 54, 14; Staudinger, § 254, 3. Prot. I, 300.

[4] RG EE 2, 426; 3, 245; Endemann, S. 64; Eger, RHG S. 198 ff.

[5] RG 53, 75; 62, 346; 63, 332; Staudinger, EGBGB Art. 42 II, 2b; Planck, § 254, 1; Oertmann, § 254, 3a; a. M. noch heute Eger, RHG S. 205 ff.

[6] Vgl. Mot. § 6 RHG StB 1871, Drucks. 16.

Unfall anzuzeigen, falls er ihm nicht schon auf andere Art bekannt geworden ist. Bei Unterlassung der Anzeige verliert der Geschädigte seine Rechte aus KFG oder LVG, nicht jedoch die aus BGB. Der Rechtsverlust ist vom Beklagten einredeweise geltend zu machen[1].

Um den Verletzten vor dem Verlust seiner Ansprüche durch Hinhalten mit Verhandlungen zu schützen, andererseits aber unnötige Prozesse zu vermeiden, bestimmen § 14 Abs. 2 KFG und § 25 Abs. 2 LVG, daß die Verjährung während der Ausgleichsverhandlungen gehemmt ist. Im RHG fehlt leider eine solche Vorschrift.

Wenn der Schaden im Augenblick noch nicht genau zu übersehen ist, z. B. bei Verletzung von Kindern hinsichtlich ihrer Erwerbsminderung, wird der Verletzte zweckmäßig eine Feststellungsklage (§ 256 ZPO) erheben, daß der Beklagte verpflichtet sei, ihm auch den künftig noch aus dem Unfall entstehenden Schaden zu ersetzen. Anderenfalls gingen dem Geschädigten seine Ansprüche wegen der kurzen Verjährungsfristen bald verloren[2].

G. Das österreichische Recht.

Nach der Rückkehr der Ostmark ins Reich gilt in einem Teil Deutschlands vorläufig noch das alte österreichische Recht.

1. Eisenbahn.

Die Haftung der Eisenbahn ist durch das Gesetz vom 5. 3. 1869 in Verbindung mit Gesetz vom 12. 7. 1902 ähnlich geregelt wie im Altreich. Die gesetzliche Vermutung, daß die Eisenbahn bei Unfällen ein Verschulden trifft, für das sie haften muß, führt zum selben Ergebnis wie die Verursachungshaftung. Die Einreden höhere Gewalt und Verschulden des Verletzten sind die gleichen wie im Altreich, die Einrede unabwendbare Handlung einer dritten Person, deren Verschulden die Eisenbahn nicht zu vertreten hat, also verbrecherische Eingriffe, fällt nach altreichsdeutschem Recht unter höhere Gewalt.

2. Kraftfahrt.

Für die Haftung des Kraftfahrers enthält das österreichische KFG (ö.KFG) vom 9. 8. 1908 aber erhebliche Verschiedenheiten. Wie im Altreich besteht Verursachungshaftung, sie ist jedoch zum Teil schärfer, zum Teil schwächer als im KFG.

Eigentümer oder Halter müssen bei Ansprüchen aus Verschulden ihrer Gehilfen für diese Hilfspersonen voll einstehen, ohne die Möglichkeit eines Entlastungsbeweises zu haben (§ 8). In Österreich unterliegt auch der Lenker des Kraftfahrzeugs der Gefährdungshaftung (§ 1 Abs. 1), in einer Novelle von 1922 wurde aber für Berufslenker die Verschuldenshaftung mit umgekehrter Beweislast eingeführt (§ 1 Abs. I S. 2). Insassen, die im Kraftfahrzeug gegen Entgelt oder im gewerbsmäßigen Personentransport befördert werden oder im Dienste oder Auftrage des Haftpflichtigen stehen, behalten ihre Ansprüche aus ö.KFG (§ 4 Abs. I). Eine Abdingung der Haftung ist unzulässig (§ 13 Abs. I).

Andererseits sieht das ö.KFG eine schwächere Haftung insofern vor, als es auf die gegenseitigen Ersatzansprüche aus der Beschädigung von Haftpflichtigen, die sich aus einem und demselben schadenbringenden Ereignis ergeben, keine Anwendung findet (§ 3). Bei Schwarzfahrten haftet der unbefugte Benutzer an Stelle des Halters, dieser

[1] Müller, § 15 C 1; Haemmerle, S. 89; Eger, KFG S. 425; Koffka, § 26 I; Schleicher, § 26, 3. Die Ansicht von Rich. Müller, S. 28, der Rechtsverlust müsse von Amtswegen berücksichtigt werden, ist abzulehnen. Die Interessen des Schädigers werden bei der Betrachtung als Einrede ausreichend gewahrt.

[2] Vgl. RG EE 21, 184; JW 1906, 236; 1909, 314 Nr. 12; gegen Zulässigkeit der Feststellungsklage Eger, KFG S. 411.

wird von der Haftung frei (§ 1 Abs. 3). Die Grenze für die langsamen Fahrzeuge beträgt 25 anstatt 20 km/Std. (§ 5), die Verjährungsfrist 6 Monate bzw. 3 Jahre statt 2 Jahre bzw. 30 Jahre, die Anzeigefrist 4 Wochen statt 2 Monate (§ 6).

3. Luftfahrt.

Für die Luftfahrt finden wir in der Ostmark ebenfalls eine abweichende Regelung. Nach dem Gesetz betr. die vorläufige Regelung der Luftfahrt vom 10. 12. 1919 sind Vorschriften des ö.KFG auf Motorluftfahrzeuge entsprechend anzuwenden. Es herrscht also Erfolgshaftung. Bei Unfällen muß jedoch auch die Flugzeugbesatzung nach Gefährdungshaftung Ersatz leisten (§ 16 ö.LVG, § 1 ö.KFG), während sie im Altreich nur bei Verschulden haftet. Die Haftung kann nicht abgedungen werden (§ 16 ö.LVG, § 13 ö.KFG). Jeder Luftfahrzeughalter muß nach §§ 3 Abs. I Ziff. 2, 106 der Luftverkehrs-VO vom 8. 9. 1930 eine Haftpflichtversicherung abschließen, die die aus dem Betriebe des Luftfahrzeugs sich ergebende Haftpflicht deckt[1].

In wesentlichen Punkten finden wir in Österreich aber eine schwächere Haftung. Sie gilt nur für Motorluftfahrzeuge, nicht für Segelflugzeuge, Ballone und Drachen. Eigentümer oder Halter und Besatzung brauchen nicht für alle Ereignisse einschl. höherer Gewalt einzustehen, sondern können sich durch den Nachweis eines unabwendbaren Ereignisses befreien (§ 16 ö.LVG, § 2ö.KFG), für Witterungseinflüsse wird also nicht gehaftet. Insassen und Betriebsangestellte sind von der Gefährdungshaftung überhaupt ausgenommen (§ 16 S. 2 ö.LVG).

Der internationalen Regelung des Luftprivatrechts ist Österreich ferngeblieben. Bis zur Rückkehr ins Reich hat es das Warschauer Abkommen nicht ratifiziert.

4. Schiffahrt.

Für Schäden, die sich in der See- und Binnenschiffahrt ereignen, ist in Österreich nach ABGB Ersatz zu leisten; denn das Seerecht des AHGB, das dann ins HGB überging, wurde von Österreich 1862 nicht eingeführt. Es herrscht also Verschuldenshaftung (§§ 1295 ff. ABGB). Bei Verschulden ihrer Leute können sich Reeder und Schiffseigner aber entlasten (§§ 1313, 1315) und brauchen nicht wie im Altreich voll dafür einzustehen. Bei einem Zusammenstoß von Schiffen ist das schuldige Schiff dem Reisenden ersatzpflichtig (Ges. vom 29. 7. 1912, Art. 1, 3).

5. Gemeiner Landverkehr.

Der gemeine Landverkehr haftet nach ABGB, also ebenso wie im Altreich.

Für den Umfang der Entschädigung wird in den österreichischen Verkehrsgesetzen allgemein auf das ABGB verwiesen[2]. Es besteht also keine Haftungsgrenze, und der Verletzte kann ohne Rücksicht auf Verschulden Schmerzensgeld verlangen.

Zweiter Hauptteil:

Zusammenfassung und Kritik.

Wenn man die Haftung der verschiedenen Verkehrsmittel einmal nach Systemen zusammenfaßt, so ergibt sich ein außerordentlich vielgestaltiges Bild.

Für Luftfahrzeuge im Altreich gilt reine Erfolgshaftung, in der Verkehrsluftfahrt ist daraus allerdings durch Warschauer Abkommen und Iata-Bedingungen eine erweiterte Verschuldenshaftung mit umgekehrter Beweislast geworden.

---

[1] Die Mindestsummen für diese Versicherung sind in der 2. Luftverkehrs-VO vom 11. 6. 1932 estgesetzt.

[2] § 1 ö.RHG, § 1 ö.KFG, § 16 ö.LVG, § 1325 ABGB.

Bei der Eisenbahn, beim Kraftfahrzeug sowie beim Motorluftfahrzeug in Österreich ist die Erfolgshaftung eingeschränkt. Die Eisenbahn haftet nicht bei höherer Gewalt, die Kraftfahrzeuge sowie Motorluftfahrzeuge in der Ostmark nicht bei unabwendbarem Ereignis. Kraftfahrzeuge im Altreich und Motorluftfahrzeuge in Österreich leisten den Insassen nach Erfolgshaftung keinen Ersatz, während die Fahrgäste der Reichspost und in der Ostmark die Insassen gewerblich benutzter Kraftfahrzeuge sowie Insassen, die vom Haftpflichtigen abhängig oder beauftragt sind, diesen Ersatz erhalten.

In der See- und Binnenschiffahrt des Altreichs finden wir eine erweiterte Verschuldenshaftung, aber ohne Umkehrung der Beweislast wie in der Luftfahrt. Praktisch zeichnen sich die Reedereien von jeder Haftung frei.

Der gemeine Landverkehr, langsame Kraftfahrzeuge, Kleinkrafträder im Altreich, See- und Binnenschiffahrt sowie motorlose Luftfahrzeuge in Österreich unterliegen der reinen Verschuldenshaftung des BGB bzw. ABGB.

Die Verkehrsgesetze gehen aber nicht nur in den Haftungssystemen, sondern auch im Umfang des Entlastungsbeweises, dem Kreis der geschützten Personen, der Abdingbarkeit der Haftung, der Höhe des Ersatzes und in den Verjährungsvorschriften völlig auseinander. Wie groß dieser Unterschied ist, möchte ich an einigen Fällen zeigen, die ich nach altreichsdeutschem Recht beurteile.

1. Ein Geisteskranker sprengt einen Zug in die Luft. Das ist höhere Gewalt, die Eisenbahn haftet nicht.

2. Ein Flugzeug stürzt infolge eines Sturmes ab, durchschlägt ein Haus und geht in Flammen auf. Ein Hausbewohner und die Insassen kommen um.

   Trotz höherer Gewalt erhalten die Hinterbliebenen eine Rente nach LVG oder nach den Auflagen des RLM eine Entschädigung von der Versicherung.

3. Auf einer abschüssigen Straße versagen die Bremsen eines Reiseomnibusses, der Wagen reißt mehrere Passanten um und fährt dann gegen ein Haus. Die Insassen werden teilweise schwer verletzt. Halter und Fahrer weisen nach, daß sie die Bremsen ständig überprüft haben.

   Die Passanten bekommen Ersatz nach KFG, da der Unfall auf einem Versagen der Vorrichtungen des Fahrzeugs beruhte, die Insassen erhalten nichts, weil Fahrer und Halter kein Verschulden trifft.

4. Zwei Züge stoßen zusammen, da der eine Lokomotivführer ein auf Halt stehendes Signal nicht beachtet hat. Mehrere Fahrgäste und ein Bahnarbeiter werden verletzt.

   Die Bahn muß nach RHG und den Fahrgästen aus Beförderungsvertrag Ersatz leisten. Weil der Entlastungsbeweis nach § 831 gelingt, erhalten sie jedoch kein Schmerzensgeld.

5. Ein Kraftfahrer fährt übermäßig schnell auf einer vereisten Straße, kommt ins Schleudern, reißt einen Passanten um und prallt dann gegen einen Baum, die Insassen werden verletzt.

   Nach BGB bekommen Insassen und Passant vollen Schadensersatz einschließlich Schmerzensgeld[1].

[1] Wenn diese gleichen Unfälle sich im Lande Österreich ereignet hätten, so bekämen im 2. Falle die Hinterbliebenen des Hausbewohners nichts, weil ein unabwendbares Ereignis vorlag und die Insassen nichts, weil sie von der Haftung ausgenommen sind. Im 3. Falle erhielten auch die Insassen Ersatz, sogar einschließlich Schmerzensgeld, nach ö.KFG, weil sie gegen Entgelt in einem gewerblich benutzten Kraftfahrzeug befördert wurden. Im 4. Falle bekämen alle Verletzten auch Schmerzensgeld, da § 1 ö.RHG hinsichtlich des Ersatzumfangs auf das ABGB verweist.

Die Folgen sind in allen 5 Fällen gleich,

bei 1. bekommt aber niemand etwas, weil höhere Gewalt vorliegt,

bei 2. bekommen Dritte und Insassen beschränkten Schadensersatz, obwohl höhere Gewalt vorliegt,

bei 3. bekommen die Insassen nichts, Dritte beschränkten Schadensersatz, obgleich kein Verschulden vorliegt,

bei 4. bekommen Insassen und Dritte Schadensersatz außer Schmerzensgeld, obwohl Verschulden vorliegt,

bei 5. bekommen alle vollen Schadensersatz, weil Verschulden vorliegt.

Dieses Ergebnis darf man getrost als ein juristisches Hexen-Einmaleins bezeichnen. Die Gründe für diesen Gesetzeswirrwarr liegen wohl hauptsächlich darin, daß die geltenden Verkehrsgesetze von zwei bisher getrennten souveränen Staaten erlassen wurden, ihre Entstehung sich über rund ein Jahrhundert verteilt, und so die verschiedensten zeitgebundenen Auffassungen und Strömungen ihren gesetzlichen Ausdruck gefunden haben.

Das Recht steht damit in einem krassen Gegensatz zu den Bedürfnissen des Lebens.

Der Verkehr ist heute eine Einheit geworden, Schiffahrt, Eisenbahn, Kraftwagen und Luftfahrt führen kein selbständiges und isoliertes Eigendasein mehr, sondern müssen auf das engste zusammenstehen, um in gemeinsamer Arbeit Personenbeförderung, Güterbewegung und Nachrichtenübermittlung möglichst sicher und schnell zu bewältigen. Über die ehemaligen Reichsgrenzen flutet ein unendlich gesteigerter Verkehr hinüber und herüber, ohne darauf zu achten, daß er diesseits und jenseits einer verschiedenen Haftung unterliegt.

Für eine Fahrt bieten sich dem Reisenden stets mehrere Verkehrsmittel wahlweise zur Benutzung an, für eine Fahrt von Mainz nach Köln z. B. alle vier: Auto, Eisenbahn, Rheindampfer und Flugzeug. Oft müssen auch für eine Fahrt mehrere Verkehrsmittel nacheinander benutzt werden, z. B. Straßenbahn und Omnibus im Großstadtverkehr, Eisenbahn oder Auto und Bäderdampfer nach den Nordseeinseln.

Als weitere Beispiele enger Zusammenarbeit seien genannt: Der Zubringerdienst der Kraftwagen zu den Flughäfen und Bahnhöfen, die Gültigkeit von Eisenbahnfahrkarten der betreffenden Strecke auf den Rhein- oder Bodenseedampfern und den Autobahnomnibussen der Reichsbahn sowie die Anerkennung von Flugscheinen als Eisenbahnfahrkarte, falls der Flug wegen Nebel oder Motorstörung nicht beendet werden kann.

Aus dieser engen Verflechtung der Verkehrsmittel ergibt sich zwangsläufig die Notwendigkeit, die Haftung der öffentlichen und privaten Verkehrsträger möglichst einheitlich zu gestalten.

Dritter Hauptteil:

Die Neugestaltung des Verkehrsrechts.

A. Bisherige Reformvorschläge.

An Vorschlägen in dieser Richtung hat es in den letzten Jahren nicht gefehlt.

Der 35. Deutsche Juristentag in Salzburg 1928 behandelte auf Ersuchen der Reichsegierung die Frage: Empfiehlt sich eine zusammenfassende Neuregelung der Haftpflichtrundsätze für Eisenbahnen, Straßenbahnen, Kraftfahrzeuge und Luftfahrzeuge?

Bartsch[1] und Wussow[2] schlagen in ihren Gutachten eine für alle Verkehrsittel einheitliche Erfolgshaftung des Halters vor, von der er sich nur bei Nachweis eines ınabwendbaren Ereignisses befreien kann. Bartsch will die Haftung auf die Insassen,

[1] Verhandlungen des 35. Juristentages, Bd. I, S. 59ff. (S. 79).

[2] Bd. I, S. 81ff.

die gewerbsmäßig oder sonst gegen Entgelt oder im Dienst oder Auftrag des Haftpflichtigen befördert werden, Wussow auf alle Insassen und die Betriebsangestellten ausdehnen.

Goltermann [1] legte bei den Verhandlungen Leitsätze vor, die sich inhaltlich mit den Vorschlägen Wussows decken.

Die Berichterstatter Isaac [2] und Flechtheim [3] lehnten eine einheitliche Regelung ab. Das Luftfahrtrecht sei noch zu wenig erprobt, bei den anderen Verkehrsmitteln spreche die wirtschaftliche und technische Verschiedenheit gegen eine gemeinsame Regelung. Jedoch schlagen beide wie Bartsch und das ö.KFG eine Ausdehnung der Haftung auf die Insassen gewerblicher Kraftfahrbetriebe einschließlich der Reichspost vor.

Isaac will allgemein, wie bereits im ö.KFG geregelt, den Halter für seine Hilfspersonen voll einstehen lassen, ohne die Möglichkeit eines Entlastungsbeweises. Den Befreiungsgrund höhere Gewalt will er als praktisch wertlos streichen.

Flechtheim möchte die Höchstsätze des § 12 KFG auch für die Straßenbahnen einführen.

Die Versammlung selbst lehnte in der Schlußabstimmung die Schaffung eines einheitlichen Gesetzes ab, ebenso die Änderung der Luftfahrzeughaftpflicht, da sie noch zu wenig erprobt sei und international geregelt werden müsse. Über weitere Einzelheiten wurde wegen der großen Verschiedenheit in der Auffassung nicht abgestimmt [4].

Im Schrifttum der letzten zehn Jahre ist die Frage der Verkehrsrechtsreform ebenfalls ausgiebig erörtert worden.

Allgemein wird der Ausschluß der Insassenhaftung im § 8 KFG als unbefriedigend empfunden; denn von einer „freiwilligen Übernahme der Gefahr“ kann heute nicht mehr die Rede sein, die Benutzung eines Kraftwagens oder Omnibusses ist für viele Volksgenossen eine Lebensnotwendigkeit geworden.

Wilke [5] und Well [6] fordern daher Ausdehnung der Insassenhaftung auf gewerbliche Kraftfahrtransportunternehmen einschließlich der Reichspost [7]. Bahn [8] will für Insassen allgemein eine Verschuldenshaftung mit umgekehrter Beweislast wie in den Iata-Bedingungen einführen. Eine allgemeine Insassengefährdungshaftung schlagen Fromherz [9], Rich. Müller [10], Sprick [11] und der Entwurf des Reichsjustizministeriums zum RHG [12] vor. Grünebaum [13] will bei Gefälligkeitsfahrten eine Ausnahme machen.

Ferner wurde die Frage nach der Abschaffung oder mindestens Abänderung der Gefährdungshaftung heftig erörtert.

1) Vorschläge, die sich auf alle Verkehrsmittel beziehen:

Grünebaum [14] will die Gefährdungshaftung beibehalten und als Befreiungsgrund allgemein nur höhere Gewalt zulassen, zum gleichen Ergebnis wird auch die Lösung von

---

[1] Bd. II, S. 257ff.
[2] Bd. II, S. 201ff.
[3] Bd. II, S. 237ff.
[4] Bd. II, S. 309.
[5] Wilke, S. 59.
[6] Verk.R 1932, 69ff.
[7] Über die Erfüllung dieser Forderung durch die Reichspost habe ich S. 18 berichtet.
[8] VAE 1, 182ff.
[9] Arch zivPr 130, 73ff. (90).
[10] Rich. Müller, S. 71ff.
[11] DAR 1928, 257ff.
[12] Berichtet von Böttger EE 53, 323ff. und Ruyters Verk.R 1933, 235. Den Original text habe ich nicht feststellen können.
[13] Jur.R 1928, 153ff.
[14] aaO.

Rich. Müller[1] führen. Er schlägt als Befreiungsgrund zwar „ein unabwendbares äußeres Ereignis" vor, das aber nicht vorliegen soll, wenn der Unfall auf der dem Betriebe eigentümlichen Gefahr beruht. Über diese Klausel wird die Rechtsprechung aber meiner Ansicht nach wieder die Ereignisse in die Haftung einbeziehen, die sich häufig beim Betrieb ereignen, und mit denen der Unternehmer deswegen nach der bisherigen Rechtsprechung rechnen mußte. Fromherz[2] und Sprick[3] schlagen als Befreiungsgrund für alle Verkehrsmittel das unabwendbare Ereignis des KFG vor.

2) Vorschläge zur Reform der Eisenbahnhaftung:

Densch[4] will den Entlastungsbeweis höhere Gewalt durch „unabwendbares äußeres Ereignis" ersetzen und formuliert ähnlich wie Rich. Müller, im Ergebnis kommt also meines Erachtens doch wieder höhere Gewalt heraus. Eine kasuistische Regelung befürwortet Majer[5]. Die Mehrzahl der Schriftsteller[6] fordert Angleichung der Eisenbahnhaftung an die des Kraftfahrzeugs durch Einführung des Entlastungsgrundes „unabwendbares Ereignis" auch für die Eisenbahn. Der Entwurf des Reichsjustizministeriums[7] will den Entlastungsgrund „unabwendbares Ereignis" wenigstens den Bahnen zugestehen, die keinen eigenen abgeschlossenen Gleiskörper besitzen, sondern die Straße als Fahrbahn benutzen.

3) Vorschläge zur Reform der Kraftfahrzeughaftung:

Im Kraftfahrrecht tobt der Streit um Verschuldens- oder Gefährdungshaftung besonders heftig.

Für Beibehaltung der bestehenden Verursachungshaftung sind in letzter Zeit Kleinewefers[8], Peterßen[9], Schoor-v. Unruh-Galle[10], Küsters[11] und Gustav Koenigs[12] eingetreten.

Die bereits alte Forderung der Kraftfahrer nach Einführung der Verschuldenshaftung haben dagegen Volkmann[13], Stotz[14], Möhring[15] und besonders eindringlich Trendel[16] begründet.

Das Kraftfahrzeug sei nicht mehr so „gefährlich", um es aus diesem Grunde einem Sonderrecht zu unterstellen. In der Verkehrsgemeinschaft hätten alle gleiche Rechte und gleiche Pflichten, durch eine Sonderregelung dürfe man den Kraftfahrer nicht aus der Verkehrsgemeinschaft ausschließen. Für alle Straßenverkehrsteilnehmer sei daher eine Verschuldenshaftung mit gesteigerten Sorgfaltspflichten einzuführen.

B. Die „Gefährlichkeit" der Verkehrsmittel ist als Haftungsgrundlage heute überwunden.

Der größte Teil dieser Vorschläge ruht ebenso wie die heutigen Verkehrsgesetze auf dem Gedanken der „Gefährlichkeit" und leitet daraus eine gesteigerte Haftung her. Dieser

[1] Rich. Müller, S. 68.
[2] Arch zivPr 130, 73 ff.
[3] DAR 1928, 257ff.
[4] Densch, S. 42.
[5] EE 57, 267.
[6] Fischl, Verk.R 1932, 250; Hermann, Verk.R 1933, 121; Ruyters, ebenda, S. 235; Joachimi, EE 57, 361; Mitgl. d. NSRB in Frank, Handb. S. 851ff.; Wilke, S. 54; Dorpmüller, ZAkDR 1935, 151ff.
[7] Berichtet von Böttger EE 53, 323ff.
[8] DAR 1937, 161.
[9] DAR 1937, 35.
[10] § 7 KFG Vorbem.
[11] VAE 1938, 217ff.
[12] ZAkDR 1937, 620ff.
[13] DAR 1928, 317ff.
[14] RdK 1933, 253.
[15] RdK 1938, 279ff.
[16] ZAkDR 1935, 162; 1936, 1000; DAR 1935, 145, 169, 193, 225, 289; 1936, Nr. 10; 1937, 289.

Gedanke ist heute unbrauchbar. Mit der besonderen „Gefährlichkeit" läßt sich die scharfe Haftung nicht begründen.

Es gab eine Zeit, wo das Oberste Medizinal-Kollegium Bayerns in einem Gutachten forderte, die Bahnstrecke mit haushohen Holzwänden einzufassen, um so die Zuschauer vor dem Verrücktwerden zu schützen, das sonst unvermeidlich sei, weil der Anblick des mit 30 km/Std. vorbei„rasenden" Zuges die Gehirnnerven schädige; wo im Deutschen Reichstag ein Abgeordneter vom Auto sagte, es bahne sich seinen Weg über Leichen und befördere die Neurasthenie [1], und ein anderer Abgeordneter berichtete, in St. Franzisko habe die Polizei ehemalige Cowboys engagiert, um unbotmäßige Automobilisten mit dem Lasso einzufangen [2]; wo der Staatssekretär im Reichsjustizamt die allgemeine Meinung dahin zusammenfaßte: „Die Automobilmaschine ist unter allen Umständen ein gefährliches Instrument" [3].

Diese Zeiten sind heute vorbei. Die Verkehrsmittel sind ein Bestandteil unseres täglichen Lebens geworden. Die fortschreitende Technik hat für sie alle erdenklichen Sicherheitseinrichtungen entwickelt. Man denke nur an die induktive Zugbeeinflussung, die Vierradbremse, die Funkpeilung und die Blindfluggeräte. Das Publikum hat sich an den Schnellverkehr gewöhnt, es ist mit seinen Gefahren vertraut geworden und wird planmäßig zum verkehrsgerechten Verhalten erzogen.

Von einer besonderen „Gefährlichkeit", die uns die Berechtigung gibt, eine Sonderhaftung zu begründen, kann unter diesen Umständen nicht mehr die Rede sein.

C. Verschulden kann ebenfalls nicht als Haftungsgrundlage dienen.

Nach Ausscheiden der Gefährlichkeit bleibt, wenn man die Lösung im Rahmen des Zivilrechts suchen will, nur das Verschulden, um eine Schadensersatzpflicht zu begründen. Denn an dem Grundsatz: Nicht der Schaden, sondern das Verschulden verpflichtet zum Ersatz ist für die Regelung der Beziehungen einzelner Rechtsgenossen untereinander unbedingt festzuhalten. Eine allgemeine Einführung der Erfolgshaftung würde einen untragbaren Rückschritt bedeuten. Sie war durchaus brauchbar bei jungen Völkern in dünn besiedelten Räumen, wo jeder sich frei bewegen konnte, ohne damit sofort in die Interessen des Nachbarn einzugreifen, sie paßt aber nicht für moderne übervölkerte Industriestaaten.

Zu welchen Ergebnissen kommt man aber, wenn für die Verkehrsmittel allgemein eine Verschuldenshaftung eingeführt wird?

Bereits heute bei der Gefährdungshaftung und den unzweifelhaft überspannten Anforderungen, die die Gerichte an die Sorgfalt der Verkehrsunternehmer stellen, bleibt eine große Anzahl Verkehrsverletzter ohne Entschädigung, entweder weil ein unabwendbares Ereignis vorlag, oder es sich um Insassen bei einer Gefälligkeitsfahrt handelte, oder die Betroffenen selbst unvorsichtig waren.

Die Zahl der Verkehrsopfer ohne Entschädigung wird in dem Augenblick, wo man die Verschuldenshaftung allgemein einführt, aber noch erheblich anwachsen. Alle diese Verkehrskrüppel fielen dann der öffentlichen Wohlfahrtspflege und damit der Allgemeinheit zur Last. Um den Verunglückten einen Anspruch zu geben, werden die Gerichte vermutlich, anstatt ihre Anforderungen an die Sorgfaltspflicht der Verkehrsunternehmer zu verringern, sie nur noch schärfer anspannen und doch noch irgendwie ein Verschulden konstruieren. Dem Kraftfahrer würden die Haftungsgrenzen des KFG dann endgültig

---

[1] Abgeordneter Träger, StB 1907—09, 5270.
[2] Abgeordneter Wagner, StB 1907—09, 5266.
[3] Dr. Nieberding, StB 1907—09, 5265.

genommen werden. Die Einführung der Verschuldenshaftung würde also zu wenig erfreulichen Ergebnissen führen, irgendwelche Vorteile für die Kraftfahrer, von der Beseitigung der Diskriminierung abgesehen, vermag ich darin nicht zu sehen.

D. Die Sorge für den Ausgleich der Verkehrsschäden ist eine Aufgabe der Volksgemeinschaft.

Es ist das Verdienst Trendels, erkannt zu haben, daß es sich bei der Wiedergutmachung von Verkehrsschäden nicht um eine private Auseinandersetzung zwischen zwei einzelnen Volksgenossen handelt, deren Ausgang der Gesamtheit gleichgültig sein kann, sondern daß die Sicherung des Ausgleichs von Verkehrsschäden eine wichtige Aufgabe der Volksgemeinschaft ist.

Jeder Volksgenosse nimmt täglich irgendwo am Verkehr teil. Diese Teilnahme steht nicht im Belieben des einzelnen, sondern ist für jeden eine zwingende Notwendigkeit. Jeder ist täglich in Gefahr, Gesundheit, Arbeitskraft oder Leben einzubüßen, ohne sich in den meisten Fällen durch eine ausreichende Versicherung schützen zu können.

Kraft und Wohlstand einer Nation ruhen aber auf der Gesundheit und Arbeitskraft der einzelnen Volksgenossen. In ihrer Erhaltung sieht der nationalsozialistische Staat eine seiner wichtigsten Aufgaben. Ich erinnere nur an die Kinder- und Mütterverschikkung, die Förderung des Betriebssports, die Reihenuntersuchungen und ständige ärztliche Überwachung der Gefolgschaft durch Betriebsärzte und zahlreiche andere Maßnahmen.

Es kann der Gesamtheit daher nicht gleichgültig sein, wie die Auseinandersetzung zwischen Schädiger und Verletztem endet. Wenn der Verunglückte keine ausreichende Entschädigung erhält, kann er seine Arbeitskraft nicht durch zweckmäßige ärztliche Behandlung wiederherstellen, scheidet also aus dem Arbeitsprozeß aus, er und seine Familie verelenden oder fallen der öffentlichen Wohlfahrt zur Last.

Der Ausgleich der Verkehrsschäden ist keine private Angelegenheit zweier Rechtsgenossen, die man nach den Maßstäben des Zivilrechts beurteilen kann, sondern eine soziale Frage, die mit den Hilfsmitteln des Zivilrechts nicht zu lösen ist.

Aufgabe der Volksgemeinschaft ist es, für die Wiedergutmachung der Verkehrsschäden zu sorgen, weil Gesundheit und Arbeitskraft der Volksgenossen für sie lebensnotwendig sind [1].

E. Ablehnung einer Reichskasse für Verkehrsunfälle.

Zur Durchführung dieser Aufgabe schlägt Trendel die Errichtung einer Reichskasse für Verkehrsunfälle vor [2]. Sie soll bei Unfällen dem Verletzten kraft Gesetzes eine Entschädigung zahlen, die ihm die Wiederherstellung seiner Gesundheit ermöglicht. Soweit sie gezahlt hat, ginge der Anspruch des Verletzten gegen den Schädiger auf die Reichskasse über. Die weiteren notwendigen Mittel sollen durch eine jährlich einmal zu erhebende Abgabe von allen Verkehrsteilnehmern, also allen Volksgenossen, aufgebracht werden.

Die Voraussetzung Trendels, daß die Volksgemeinschaft den Ausgleich der Verkehrsschäden irgendwie sicherstellen müsse, ist unbedingt richtig. Gegen die Verwirklichung dieses Gedankens durch Errichtung einer Reichskasse habe ich aber erhebliche Bedenken.

Trendel schlägt selbst vor, sie als neuen Sozialversicherungsträger aufzubauen. Zur Einziehung der Beiträge, zur Prüfung und endgültigen Festsetzung der Ersatzansprüche und zur Durchsetzung der abgetretenen Forderungen gegen den Schädiger bzw.

---

[1] Vgl. Trendel, DAR 1935, 145 u. 289; Gustav Koenigs, ZAkDR 1937, 620ff.; Schoor-v. Unruh-Galle, § 7 KFG Vorbem.; Möhring, RdK 1938, 279ff.

[2] Einen ähnlichen Vorschlag macht in neuester Zeit Möhring, RdK 1938, 279ff.

dessen Haftpflichtversicherung, die sehr häufig auf dem Prozeßwege wird erfolgen müssen, müßte bei der heutigen Zahl der Verkehrsunfälle ein riesiger neuer Behördenapparat ins Leben gerufen werden, der sehr unnötige Kosten verursachen würde und bei dem heutigen Mangel an Arbeitskräften recht unerwünscht wäre.

Die vorgeschlagene Kopfsteuer zur Aufbringung der Mittel berücksichtigt zu wenig die unterschiedliche wirtschaftliche Leistungsfähigkeit, sie würde in erster Linie die kinderreichen Familien belasten und so allen Bestrebungen der heutigen Bevölkerungspolitik zuwiderlaufen.

Es erscheint mir überhaupt zweifelhaft, ob es notwendig ist, diese neuen Lasten auf die Allgemeinheit zu übernehmen. Das ist doch ein Mittel, das man nur anwenden sollte, wenn alle anderen versagt haben. Aus diesen Gründen halte ich die Lösung der von Trendel richtig erkannten Aufgabe durch Gründung einer Reichskasse für Verkehrsunfälle für wenig glücklich.

F. Der Ausgleich der Verkehrsschäden muß durch die Verkehrsunternehmer erfolgen.

Es kann nicht die Aufgabe des Staates sein, alle auftretenden Lasten selbst zu übernehmen, sondern nur, dafür zu sorgen, daß irgend jemand da ist, der diese Lasten tragen kann.

Der Staat ist schon mehrfach vor eine ähnliche Aufgabe wie die Sicherung der Verkehrsopfer gestellt worden und hat sie stets in der angegebenen Weise gelöst. Ich erinnere an das Schwerbeschädigten-Gesetz vom 6. 4. 1920, an die entsprechende Regelung für die Kämpfer der nationalen Erhebung [1] und für die Wehrdienstbeschädigten [2].

Das klassische Vorbild einer solchen Lastenverteilung ist die Unfallversicherung. Im Interesse der Allgemeinheit muß den Arbeitern der Faust, die besonders gefährdet sind, ihre Arbeitskraft erhalten und bei schweren Unfällen ihre Existenz gesichert werden. Der Staat übertrug diese Aufgabe den Unternehmern der Betriebe, die ja ihrerseits auch den Vorteil von der Arbeitskraft und der gesteigerten Arbeitsfreude ihrer Gefolgschaft haben.

Während der Gefolgsmann früher Verschulden des Unternehmers oder seiner Beauftragten nachweisen mußte, genügt jetzt die Tatsache, daß es sich um einen Betriebsunfall handelt, um die Ersatzpflicht auszulösen. Dabei ist völlig unbeachtlich, ob Verschulden des Unternehmers oder seiner Leute, höhere Gewalt oder eigenes Verschulden des Verletzten vorgelegen haben.

Um den Unternehmern diese Ersatzleistungen zu ermöglichen, hat man die Betriebsunternehmer eines Gewerbezweiges, in dem also die Unfallquellen gleich groß sind, zu Risikogemeinschaften in den Berufsgenossenschaften vereinigt. Die Entschädigung wurde auf bestimmte Sätze beschränkt, die ein Lebensminimum sichern, und weitergehende Ansprüche ausgeschlossen [3].

Industrie, Bergbau, Landwirtschaft und Seefahrt haben sich an diese Belastung gewöhnt und sie anstandslos getragen.

Heute steht der Staat bei der Sicherung der Verkehrsopfer vor der gleichen Aufgabe wie 1884. Ich möchte vorschlagen, bei der Lösung dieser Aufgabe den gleichen Weg zu gehen und die Entschädigung der Verkehrsopfer den Unternehmern der Verkehrsbetriebe aufzuerlegen.

Wer ein Verkehrsmittel betreibt und seine Vorteile genießt, muß auch den Volksgenossen, die bei diesem Betriebe zu Schaden kommen, einen angemessenen Ausgleich

---

[1] § 4 Gesetz v. 27. 2. 1934.

[2] § 86, Abs. 2 u. 3 WFVG v. 26. 8. 1938.

[3] § 898 RVO. Daß der Unternehmer vorsätzlich handelte und deswegen rechtskräftig verurteilt ist, wird kaum vorkommen.

sichern. Diese Belastung wird den Verkehrsbetrieben nicht wegen ihrer besonderen „Gefährlichkeit" auferlegt, sondern bedeutet eine ihnen übertragene Aufgabe der Volksgemeinschaft.

G. Vorschlag einer reinen Verursachungshaftung.

Ich betone es nochmals, bei dem Ausgleich der Verkehrsschäden handelt es sich nicht um eine Auseinandersetzung zweier einzelner Volksgenossen, die man mit den Grundsätzen des Zivilrechts lösen kann. Dort kann auch in Zukunft grundsätzlich nur Verschulden eine Schadensersatzpflicht begründen.

Für die Volksgemeinschaft ist es aber völlig unerheblich, ob der Verkehrsunfall auf einem Verschulden, auf einem unabwendbaren Ereignis oder auf höherer Gewalt beruht. Immer fällt der Verletzte im Arbeitsprozeß aus, oft für sein ganzes Leben, seine Familie gerät in Not und fordert Unterstützung.

Weil die Entschädigung der Verkehrsopfer eine den Unternehmern übertragene Aufgabe der Gesamtheit ist, muß in Zukunft bereits die Tatsache, daß ein Schaden eingetreten ist, die Ersatzpflicht auslösen, ohne Rücksicht darauf, ob Verschulden, höhere Gewalt oder unabwendbares Ereignis vorlag.

Ich befürworte also eine reine Verursachungshaftung, wie sie bereits in der Unfallversicherung durchgeführt ist. Nur so ist es möglich, den Verkehrsopfern auf jeden Fall einen Ausgleich zu sichern.

Um dieses Ziel zu erreichen, muß folgerichtig der Einwand des mitwirkenden Verschuldens künftig entfallen, es sei denn, daß der Verletzte vorsätzlich gehandelt hat [1]. Auch hier ist die Unfallversicherung wegweisend vorangegangen.

Die Beibehaltung dieses Einwandes würde außerdem zu einer dogmatischen Inkonsequenz führen. Wenn man auf der einen Seite unter Überwindung des Zivilrechts eine reine Verursachungshaftung schaffen will, kann man nicht auf der anderen Seite ins Zivilrecht zurückkehren und haftungsmildernd ein Verschulden des Verletzten berücksichtigen.

Ich halte die Gefahr einer allgemeinen Disziplinlosigkeit besonders der Radfahrer und Fußgänger unter dem Motto: „Der Kraftfahrer zahlt's ja" für nicht allzu groß. Abgesehen vom Selbstmörder ist der Selbsterhaltungstrieb im Menschen viel zu stark, als daß jemand sich mutwillig selbst in die Gefahr einer Verletzung bringt, nur weil er sicher ist, später eine Entschädigung zu erhalten. Durch die Verkehrserziehung und scharfe Kontrolle der Polizei mit gebührenpflichtigen Verwarnungen und Strafbefehlen auch gegen Fußgänger läßt sich eine Verwilderung der Sitten im Straßenverkehr ohne weiteres verhindern.

Als letztes Mittel bleibt immer noch das strafgerichtliche Verfahren. Die Gefährdung der Sicherheit von Eisenbahn, Luftfahrt und Schiffahrt hat in den §§ 315, 316 StGB eine Sonderregelung gefunden. Aber auch der unendlich häufige Fall, daß ein Fußgänger oder Radfahrer sich völlig falsch benimmt, und ein Kraftfahrer dann beim Ausweichen verunglückt, läßt sich durch das Strafrecht erfassen. Einen solchen Fußgänger oder Radfahrer kann man nach §§ 222, 230 StGB wegen fahrlässiger Tötung oder Körperverletzung bestrafen, der adäquate Kausalzusammenhang ist zweifellos gegeben. Von dieser Möglichkeit haben die Gerichte leider fast nie Gebrauch gemacht [2].

---

[1] Diese Einschränkung ist nötig, um besonders die Eisenbahnen von der Haftung für die Selbstmörder zu befreien; denn im Jahre 1935 begingen 984 Personen Selbstmord durch Sich-Überfahrenlassen. Vorsätzlich herbeigeführte Unfälle aus Rentensucht werden sehr selten sein.

[2] Derartige Fälle sind bisher meist nach § 25 StrVO beurteilt worden. VAE 3, 266 und 415. Besonders krass RdK 1936, 207 Nr. 249, wo ein Kraftradfahrer durch kopfloses Verhalten einer Radfahrerin getötet wurde. Neuerdings hat das LG Halberstadt jedoch in einem solchen Falle zwei Fußgänger nach § 230 StGB mit drei Monaten Gefängnis bestraft. Veröff. im Hannoverschen Anzeiger v. 13. 10. 1938, Nr. 240.

Für Unfälle auf Schwarzfahrten wird der Halter in Zukunft ohne Entlastungsbeweis haften müssen. Denn für den Verletzten ist es völlig unerheblich, ob ihn ein berechtigter oder ein unberechtigter Benutzer angefahren hat. Durch Beibehaltung des Entlastungsbeweises würde nur wieder eine Verquickung von Verursachungs- und Verschuldenshaftung eintreten. Für die unbedingte Halterhaftung bei Schwarzfahrten ist auch der Versicherungsausschuß der Akademie für Deutsches Recht eingetreten [1].

Wenn man die Sicherung der Verkehrsopfer als eine Aufgabe ansieht, die die Verkehrsunternehmer im Auftrage der Volksgemeinschaft zu übernehmen haben, kann man nicht eine Gruppe von Verunglückten aus dieser Sicherung herausnehmen. Ich meine die Insassen. Die damalige Begründung: „Die Leute begeben sich ja mutwillig selbst in die Gefahr", ist heute unhaltbar. Der Kraftwagen ist kein gefährliches Instrument, sondern ein notwendiges Verkehrsmittel. Weite Volkskreise müssen ihn aus beruflichen Gründen als Insassen benutzen, ob sie wollen oder nicht.

In Österreich werden die Insassen bereits geschützt, falls es gewerblich benutzte Kraftfahrzeuge sind, oder die Benutzung im Dienst oder Auftrag des Haftpflichtigen geschah. Vor kurzem hat auch die Reichspost die Haftung für die Insassen ihrer im Postreisedienst eingesetzten Wagen übernommen. Um den Gedanken der Gemeinschaftspflicht, die Verkehrsopfer zu sichern, wirksam durchzuführen, müssen künftig die Insassen aller Kraftwagen, auch bei Gefälligkeitsfahrten, in die Haftung einbezogen werden [2].

Aus dem gleichen Grunde ist die Sonderstellung der langsamen Kraftfahrzeuge und der Kleinkrafträder zu beseitigen [3]. Eine Abdingung der Haftung darf nach österreichischem Vorbild nicht mehr zulässig sein.

Über den Betriebsbegriff des Kraftfahrzeugs und Luftfahrzeugs herrscht, wie bereits berichtet [4], im Schrifttum Streit, auch die Rechtsprechung hat diesen Begriff nicht klar umgrenzt und kam mehrfach zu sehr unbefriedigenden Ergebnissen.

Der Grund liegt meines Erachtens darin, daß zu sehr auf die „Gefährlichkeit" des einzelnen Fahrzeugs abgestellt wird. Die Ursache der häufigen Unfälle muß man vielmehr in der Zusammendrängung einer großen Anzahl verschiedenartiger Fahrzeuge und vieler Menschen auf dem engen Raum der Straße suchen. Die Automobilmaschine ist kein gefährliches Instrument, sondern die Gefahr entsteht durch die Teilnahme am Straßenverkehr.

Daraus ergibt sich für den Betriebsbegriff: Ein Kraftfahrzeug ist dann im Betrieb, wenn es sich auf öffentlichen Straßen, Wegen oder Plätzen befindet. Ob es fährt, hält oder parkt, spielt dabei keine Rolle.

So werden die mühsamen Untersuchungen vermieden, ob die Fahrt nach dem Willen des Fahrers nur unterbrochen oder ihr Endziel bereits erreicht war; denn sie haben ja zu dem merkwürdigen Ergebnis geführt, daß das gleiche parkende Auto einmal nach KFG und zehn Minuten später nur nach BGB haftete.

Die Übertragung dieses Betriebsbegriffes auf das Luftfahrzeug führt ebenfalls zu praktisch brauchbaren Ergebnissen. Ein Luftfahrzeug ist nach dieser Definition in Betrieb in der Luft und auf der Erde dort, wo es dem Publikum oder Teilen des Publikums (Fluggästen) zugänglich ist, also bei Außenlandungen und auf dem Rollfeld der Flugplätze.

Außenstehende kommen an anderen Stellen mit Luftfahrzeugen nicht in Berührung, und die Betriebsangestellten sind bereits durch die Unfallversicherung geschützt.

---

[1] Er fordert einen Versicherungszwang, der auch alle Fälle der Schwarzfahrt umfassen soll Jannott, S. 62.

[2] Im Schrifttum wurde diese Forderung schon lange erhoben, vgl. S. 28.

[3] Ebenso Haemmerle, S. 17.

[4] Vgl. S. 14.

Die Zusammenfassung meiner bisherigen Vorschläge würde folgende gemeinsame Haftungsbestimmung für die verschiedenen Verkehrsmittel ergeben:

Wird beim Betrieb einer Eisenbahn, eines Kraftfahrzeuges, eines Luftfahrzeugs, eines See- oder eines Binnenschiffes ein Mensch getötet oder verletzt, so ist der Betriebsunternehmer (Halter) verpflichtet, ihm den daraus entstehenden Schaden zu ersetzen, es sei denn, daß der Verletzte den Schaden vorsätzlich herbeigeführt hat. Eine Vereinbarung, durch die im voraus die Haftung beschränkt oder auf sie verzichtet wird, ist nichtig.

Ich trete also für eine reine Verursachungshaftung ein, die auch für Insassen, langsame Kraftfahrzeuge und Kleinkrafträder, in Fällen höherer Gewalt, eines unabwendbaren Ereignisses, bei Schwarzfahrten und bei mitwirkendem Verschulden des Verletzten unverändert gilt.

Allein die Tatsache, daß ein Unfall eingetreten ist, begründet die Ersatzpflicht.

Wie der Unternehmer in Gewerbe, Industrie, Landwirtschaft und Seefahrt muß auch der Verkehrsunternehmer diese Pflicht erfüllen, die ihm von der Volksgemeinschaft auferlegt ist.

H. Der Verursachungshaftung entspricht eine scharfe Haftungsbegrenzung.

Wenn man dem Verkehrsunternehmer eine solche Ausgleichspflicht ohne Beachtung seiner persönlichen Verhältnisse und der näheren Umstände des Unfalls auferlegt, darf man auf der anderen Seite bei Bemessung der Ansprüche des Geschädigten auch nicht auf dessen Lebensverhältnisse Rücksicht nehmen.

Es soll kein Schadensersatz für Gefährdung oder Verschulden gewährt werden, bei dessen Berechnung eine möglichst weitgehende Wiederherstellung des früheren Zustandes anzustreben ist, sondern es handelt sich hier, unabhängig von Gefährdung und Verschulden, um einen Ausgleich von Verkehrsunfallfolgen, durch den dem Verletzten die Wiederherstellung seiner Gesundheit und Arbeitskraft oder bei Invalidität der n o t w e n d i g e (nicht der standesgemäße!) Lebensunterhalt gesichert werden soll.

Aus dieser Zielsetzung ergibt sich die Notwendigkeit, nach dem Vorbilde der Sozialversicherung bestimmte fest begrenzte Sätze für Heilbehandlung und Verdienstausfall während der Krankheit, aber auch für die Beerdigungskosten festzusetzen. Ebenso müssen für die Renten wegen Verlust oder Minderung der Erwerbsfähigkeit, Vermehrung der Bedürfnisse und Ersatz des entzogenen Unterhalts für alle Verkehrsmittel einheitlich Höchstbeträge eingeführt werden, etwa in Höhe des in § 12 Abs. I, Ziff. 1 KFG genannten Betrages.

Da durch den Verlust der Dienste, die Ehefrau oder Kinder im Geschäft oder in der Landwirtschaft des Mannes bzw. Vaters leisten, oft die Lebensgrundlage dieser Kleinbetriebe bedroht wird, halte ich es für richtig, die Ersatzpflicht auf die Fälle des § 845 BGB auszudehnen.

Dagegen soll der Verletzte in Zukunft kein Schmerzensgeld und keinen Ersatz für Erschwerung des Fortkommens erhalten, weil beides zur Sicherung der Existenz nicht notwendig ist.

Damit die unerfreuliche Erscheinung der Rentenneurose eingedämmt wird, muß der Ersatzverpflichtete nach Vorbild des § 843 Abs. III BGB das Recht erhalten, bei Vorliegen wichtiger Gründe den Verletzten in Kapital abzufinden.

Der durch einen Unfall in seiner Erwerbsfähigkeit beschränkte Verunglückte wird regelmäßig den Willen haben, kein müßiges Rentnerdasein zu führen, sondern am Arbeitsprozeß, so weit es in seinen Kräften steht, teilzunehmen. Um ihm die Auffindung eines geeigneten Arbeitsplatzes zu erleichtern, muß die Regelung des Schwerbeschädigten-Gesetzes vom 6. 4. 1920 auch auf Verkehrsverletzte ausgedehnt werden.

Weil der Unternehmer die Aufgabe, die Verkehrsopfer zu entschädigen, ohne Rücksicht auf Verschulden, höhere Gewalt usw. übernommen hat, muß er vor Ansprüchen, die diese Haftungsgrenzen überschreiten, wirksam gesichert werden.

Daher schlage ich vor, nach dem Vorbild des § 898 RVO weitergehende Ansprüche gegen den Unternehmer nur zuzulassen, wenn durch rechtskräftiges Strafurteil festgestellt worden ist, daß er den Unfall vorsätzlich herbeigeführt hat.

J. Der Versicherungszwang.

1. Eintreten für seine Einführung bei Kraftfahrzeugen und Luftfahrzeugen.

Um den Verkehrsopfern die vorgesehene Entschädigung unbedingt zu sichern, genügt es jedoch nicht, die Ersatzpflicht auf eine neue Grundlage zu stellen. Der Staat muß auch dafür sorgen, daß dem Verunglückten in jedem Falle ein zahlungsfähiger Schuldner gegenübersteht.

Bei Unfällen auf der Deutschen Reichsbahn wird das stets der Fall sein, ebenso bei Unfällen im Betriebe der Klein-, Straßen- und Untergrundbahnen, da diese Unternehmungen sich zu einer Haftungsgemeinschaft zusammengeschlossen haben.

In der See- und Binnenschiffahrt werden die Unternehmer die seltenen Fälle, daß Passagiere oder Dritte verunglücken — die Besatzung ist schon durch die Sozialversicherung geschützt —, entweder selbst tragen können oder von sich aus versichern.

Schwieriger wird die Lage beim Kraftverkehr. Hier ist der Ersatzpflichtige meist nicht so kapitalkräftig, als daß er aus eigenen Mitteln die Schäden ausgleichen könnte. Der Geschädigte schwebt also ständig in der Gefahr, seine berechtigten Ansprüche mangels Masse nicht verwirklichen zu können. Es zeugt von dem großen Verantwortungsbewußtsein unserer deutschen Kraftfahrer, daß ein großer Teil freiwillig eine Haftpflichtversicherung abgeschlossen hat, um etwa verursachte Schäden auch ersetzen zu können.

Für Fahrlehrer [1], Linienverkehrsunternehmer, die gewerbsmäßig Personen mit Kraftomnibussen linienmäßig befördern wollen [2], für die Halter von Droschken, Ausflugswagen, Überlandwagen und Mietwagen (Gelegenheitsverkehrsunternehmer) [3] und für Güterfernverkehrsunternehmer [4] ist der Abschluß einer Haftpflichtversicherung bereits gesetzlich vorgeschrieben. Für diese Fahrzeuggruppen besteht also unmittelbarer Versicherungszwang.

Nach dem Erlaß des Reichsverkehrsministers vom 11. 6. 1936 [5] ist ein Kraftfahrer, der einen von ihm verursachten Schaden nicht decken kann, als ungeeignet und unzuverlässig anzusehen und ihm daher der Führerschein zu entziehen.

Damit ist allgemein der mittelbare Versicherungszwang eingeführt.

Versicherungstechnisch besteht zwischen unmittelbarem und mittelbarem Versicherungszwang kein Unterschied. Der genannte Erlaß ist jedoch nur einem Teil der Kraftfahrer bekannt geworden und übt selbst dann nur den Druck einer fernen Möglichkeit aus.

Ich möchte daher vorschlagen, dem österreichischen Beispiel im § 3 Krf.Ges. 1937 zu folgen und auch im Altreich den unmittelbaren Versicherungszwang einzuführen [6].

---

[1] § 3, I e Kraftfahrzeugführer-Ausbildungs-VO vom 21. 12. 1933.

[2] §§ 2, 26 Pers.Bef.Ges. vom 4. 12. 1934.

[3] §§ 28, 26 Pers.Bef.Ges.; §§ 38ff. DVO vom 20. 3. 1935.

[4] § 19 Güterfernverk.Ges. vom 26. 6. 1935.

[5] RvkBl. 1936, 261, vgl. Pr.OVG JW 1938, 2375.

[6] Ebenso der Akademie-Ausschuß Jannott, S. 59. Seine Einführung in allen Staaten wird befürwortet vom Internat. Institut f. d. Vereinheitlichung des Privatrechts in Rom. Siehe Jannott, S. 54. Er besteht außer in Österreich bereits in Dänemark, Ges. vom 1. 7. 1927 England, Road Traffic Act 1930; Finnland, Ges. vom 28. 4. 1925; Luxemburg, Ges. vom 10. 6

Obgleich wir in Deutschland seit dem Erlaß vom 11. 7. 1936 allgemein einen Versicherungszwang haben, mein Vorschlag also nur auf eine Änderung seiner Form abzielt, möchte ich doch kurz auf die häufigsten Vorwürfe gegen ihn eingehen.

Einmal wird behauptet, und die Erfahrungen der anderen Länder haben es gezeigt, daß mit seiner Einführung keine Prämiensenkung, sondern recht häufig eine Prämienerhöhung eintritt. Das ist aber wohl hauptsächlich auf die Steigerung der Begehrlichkeit der Verletzten zurückzuführen, die an die große Versicherungsgesellschaft höhere Forderungen stellen als an den einzelnen Kraftfahrer. Diese Gefahr glaube ich erheblich verringert zu haben durch die Festsetzung von Höchstsätzen und die Ausschaltung der Ansprüche aus BGB.

Zweitens befürchtet man, daß die Kraftfahrer im Bewußtsein der Deckung durch die Versicherung erheblich leichtsinniger fahren würden. Ich glaube nicht, daß ein leichtsinniger Fahrer sich durch die Sorge vor Ersatzansprüchen zu einer vorsichtigeren Fahrweise veranlaßt sieht. Für einen kleinen Teil der Kraftfahrer mag dieser Vorwurf aber immerhin zutreffen. Durch schärfere Verkehrskontrolle, nötigenfalls Entziehung des Führerscheins und besonders durch Einschreiten im strafrechtlichen Verfahren ließe sich eine derartige Neigung aber leicht bekämpfen.

Leider hat sich bei der Verfolgung der fahrlässigen Körperverletzung das Erfordernis eines Antrages des Verletzten (§ 232 Abs. I StGB) als Hemmnis erwiesen. Ich hielte es daher für zweckmäßig, dieses Erfordernis in Zukunft fortfallen zu lassen. Durch § 153 Abs. II und III StPO ist die Möglichkeit geschaffen, von der Verfolgung von Bagatellsachen abzusehen.

2. Die Einreden des Versicherers.

Um den Verletzten vor ihm nachteiligen Vereinbarungen zwischen Versicherer und Schädiger zu schützen, wäre es zweckmäßig, die österreichische Regelung des § 10 ö.KFG von 1908 zu übernehmen und dem Geschädigten ein gesetzliches Pfandrecht an der Forderung des ersatzpflichtigen Versicherungsnehmers gegen den Versicherer zu geben [1].

Da der Versicherungszwang in der von mir vorgeschlagenen Ausgestaltung sich als Unfallversicherung zugunsten der Verkehrsopfer auswirken soll, bedürfen auch die Einreden des Versicherers aus VVG einer Neuregelung.

Bei Verletzung von Anzeigepflichten durch den Versicherten bei Vertragsschluß ist der Versicherer zum Rücktritt berechtigt (§ 16 ff. VVG), nach Eintritt des Versicherungsfalles allerdings nur, wenn der nicht angezeigte Umstand den Eintritt des Versicherungsfalls oder den Umfang der Leistung des Versicherers berührt hat (§ 21).

Weiter ist der Rücktritt des Versicherers zulässig, wenn der Versicherungsnehmer nach dem Schadensfall vorsätzlich oder fahrlässig Obliegenheiten gegenüber dem Versicherer verletzt hat, z. B. rechtzeitige Anzeige des Unfalls (§ 6 Abs. 2 VVG).

Solange der Versicherte die Versicherung zu seinem eigenen Schutze nimmt, sind diese Bestimmungen gerecht. Durch seine Nachlässigkeit benachteiligt er nur sich selbst. Beim Versicherungszwang, der als Unfallversicherung zugunsten der Verkehrsopfer wirken soll, führen sie aber zu groben Härten; denn der Verletzte verliert unter Umständen durch die Nachlässigkeit oder Böswilligkeit des Schädigers unverschuldet jede Sicherung seiner Er-

---

1932. Im Ergebnis auch in Norwegen, Ges. vom 20. 2. 1926; in Schweden, Ges. vom 10. 5. 1929; Schweiz, Bund.Ges. vom 15. 3. 1932; Protektorat Böhmen-Mähren, Ges. vom 26. 3. 1935; Massachusetts, USA. Alle Gesetze bei Jannott, S. 66ff.

Nach Zeitungsnachrichten ist in der Rate für den Volkswagen ebenfalls eine Haftpflichtversicherungsprämie enthalten.

[1] Ebenso Art. 60, Schweizer VVG von 1908; § 54 Protektorats-KFG von 1935. Dafür auch Jannott, S. 42; Akad. Ausschuß Jannott, S. 60.

satzansprüche. Um das zu verhindern, muß man nach dem Beispiel der Schweiz [1] und Schwedens [2] alle Einreden aus VVG oder dem Versicherungsvertrag, die das Recht des Geschädigten schmälern oder aufheben würden, den Geschädigten gegenüber für unwirksam erklären, dem Versicherer aber insoweit ein Rückgriffsrecht gegen den Versicherungsnehmer geben, als er nach dem Versicherungsvertrag oder VVG zur Ablehnung oder Kürzung seiner Leistungen berechtigt gewesen wäre.

Österreich hat für den in der Kraftfahrzeugversicherung wichtigeren Fall der Verletzung von Obliegenheiten eine im Ergebnis gleiche Regelung bereits getroffen (§ 4 KrfGes 1937)[3].

Nach Festsetzung eines gesetzlichen Pfandrechts des Geschädigten und Ausschaltung der Einreden besteht kein Grund mehr, zur Sicherung der Ansprüche des Verunglückten wie in der Schweiz, in Norwegen und unter bestimmten Voraussetzungen auch in Österreich [4] ein direktes Klagerecht des Geschädigten gegen die Versicherung einzuführen. Ich halte es nicht für glücklich, den Schädiger gänzlich aus dem Schadensausgleich herauszunehmen. Es besteht sonst die Gefahr, daß er sich zu wenig seiner Verantwortung bewußt wird. Außerdem führte das zu der prozeßrechtlich unerfreulichen Folge, daß er plötzlich im Prozeß wegen eines von ihm verursachten Unfalls zum Zeugen wird.

Um den Schutz der Verkehrsopfer nicht von Zufälligkeiten abhängen zu lassen, sind auch ausländische Kraftfahrzeuge dem Versicherungszwang zu unterwerfen [5].

3. Die Überwachung des Bestehens der Versicherung.

Wenn man einen Versicherungszwang einführt, erhebt sich sofort die Frage: Wie läßt sich der Abschluß und das Bestehen der Versicherung überwachen?

Am besten wird man einen Versicherungsausweis schaffen, der von der Gesellschaft dem Kraftfahrer neben der Police ausgehändigt wird und von ihm auf allen Fahrten mitzuführen ist. Bei Neuzulassungen und bei Meldung von Eigentums- oder Wohnungswechsel muß dieser Ausweis der Zulassungsstelle vorgelegt werden.

Weiter wäre die Anzeigepflicht der Versicherungsgesellschaften, wie sie im § 35 Abs. 2 und 3 DVO zum Pers.Bef.Ges. und § 57 Abs. 6 der österr.Kraftfahr-VO von 1937 bereits vorgeschrieben ist, allgemein einzuführen.

Die Fortdauer der Versicherung bei Eigentumswechsel kann durch die Zulassungsstelle überwacht werden, da der Erwerber einen neuen Kraftfahrzeugbrief bei ihr beantragen muß (§ 27 Abs. 3 StVZO) [6].

[1] Schweizer KFG von 1932, Art. 50.

[2] Kraftfahrz.Versich.-Ges. von 1929, § 19.

[3] In England sind Einreden wegen Verletzung von Obliegenheiten grundsätzlich, von vor vertraglichen Anzeigepflichten zum Teil unwirksam, Road Traffic Act 1930, Art. 38. Jannott S. 46, tritt für Unwirksamkeit der Einreden wegen Verletzung von Anzeigepflichten oder Ol liegenheiten ein, falls leichte oder grobe Fahrlässigkeit vorliegt. Bei Vorsatz sollen sie besteh bleiben, da es sich dann nicht mehr um die Auswirkung von Verkehrsgefahren handele, sonde um die Auswirkung menschlicher Arglist. Darauf ist zu entgegnen, daß ohne den Verkehrsunf der Verletzte nie in diese Notlage gekommen wäre, es sich also doch um eine Folge des Unfa handelt. Für Einschränkung der Einreden auch der Akad.-Ausschuß Jannott, S. 6 Küsters, VAE 1938, 217ff., lehnt gesetzliches Pfandrecht und Beschränkung der Einreden a Er schlägt zur Deckung der Ausfälle eine Art Reichskasse vor.

[4] Art. 49 Schweizer KFG von 1932, § 11 Abs. 3; norweg. KFG von 1932 § 4; österr. KrfG von 1937.

[5] Bereits geschehen in England, Norwegen, Schweden, Dänemark. Dafür auch Jannot S. 40; Bauerreiß, ZfVW 1935, 56. Schweiz und Österreich als Fremdenverkehrsländer hab Ausländer bisher ausgenommen.

[6] § 69 VVG ist nur auf Sachversicherung, nicht auf die Kfz-Haftpflichtversicherung a wendbar, da hier das Kfz als Schadenswerkzeug versichert ist und seine Gefährlichkeit vom Eige tümer abhängt, § 151 Abs. 2 ist als Sonderbestimmung nicht ausdehnungsfähig. RG, Verk. 1938, 590.

Für den Fall, daß jemand ohne Versicherung ein Fahrzeug führt oder mit seiner Zustimmung benutzen läßt, wäre eine Geld- oder Gefängnisstrafe, Entziehung des Führerscheins, Sperrung der Zulassung auf Zeit, im Wiederholungsfalle für immer, anzudrohen. Auf diese Weise könnte man auch den Halter treffen, dem die Versicherung obliegt. Auch aus sozialen Gründen wäre eine solche Regelung zu befürworten; denn durch die Entziehung des Führerscheins wird nur der selbstfahrende Halter betroffen, nicht aber derjenige, der sich einen Fahrer leisten kann. In Österreich besteht diese Regelung bereits seit 1930 [1].

Norwegen [2] und Schweden [3] haben für die Fälle der Führerflucht oder nicht ausreichender Versicherung eine gesamtschuldnerische Haftung der anerkannten Versicherungsgesellschaften eingeführt. In Deutschland werden solche Fälle bei dem Verantwortungsbewußtsein unserer Kraftfahrer und den angedrohten Strafen wahrscheinlich so selten sein, daß man sie ruhig der NSV und der öffentlichen Wohlfahrt überlassen kann. Andernfalls würde man eine Art Prämie für Nichtversicherung und Führerflucht schaffen.

Wie der Kraftfahrer werden auch der einzelne Luftfahrzeughalter und die Luftverkehrsgesellschaften selten so kapitalkräftig sein, um verursachte Schäden aus eigenen Mitteln ausgleichen zu können. Daher wird es zweckmäßig sein, für Luftfahrzeuge ebenfalls den Versicherungszwang einzuführen. Auf ihn wären die bei der Kraftfahrzeug-Versicherung entwickelten Grundsätze entsprechend anzuwenden.

Eine Ausgleichskasse, wie sie vielfach vorgeschlagen wurde, wäre bei Durchführung meiner Vorschläge nicht notwendig; denn durch die reine Verursachungshaftung und den Versicherungszwang wird die Entschädigung der Verunglückten ausreichend gesichert.

4. Ausnahmen vom Versicherungszwang.

Von der Pflicht zum Abschluß einer Haftpflichtversicherung wären alle diejenigen Kraftfahrzeuge und Luftfahrzeuge auszunehmen, deren Halter das Reich, die ehemaligen Länder, Provinzen, Kreise und Gemeinden über 50 000 Einwohner, die Wehrmacht, die NSDAP und ihre Gliederungen, die Deutsche Reichsbahn und die Deutsche Reichspost sind, da hier den Verletzten ein zahlungskräftiger Schuldner gegenübersteht.

5. Ausdehnung des Versicherungszwangs auf den gemeinen Landverkehr?

Wie weit ist der Versicherungszwang auf sonstige Verkehrsteilnehmer auszudehnen? Trendel [4]) lehnt eine Zwangshaftpflichtversicherung für Kraftfahrer neben anderen Gründen auch deswegen ab, „weil sie eine moralisch unbegründete einseitige Maßnahme gegen die Kraftfahrer sei und ungerechte Benachteiligung gegenüber den übrigen Verkehrsteilnehmern darstellen würde. Wenn Zwangshaftpflicht, dann für jeden, der am Verkehr beteiligt ist!“

Trendels Vorwürfe sind berechtigt. Häufig kommt der Kraftfahrer durch falsches Verhalten anderer Verkehrsteilnehmer zu Schaden. Daß er auf Sicherung seiner Ansprüche dringt, ist durchaus zu verstehen. Es fragt sich nur, wie weit sich ein Versicherungszwang auf andere Verkehrsteilnehmer ausdehnen läßt.

Pferdefuhrwerke kommen meines Erachtens nicht in Frage. Sie benutzen die Straßen und Chausseen nur auf kurze Strecken und sind an Unfällen verhältnismäßig selten be-

---

[1] § 52 DVO vom 12. 5. 1930, jetzt § 60 KrfVO 1937. Für Sperrung der Zulassung auch annott, S. 39, Akad.-Ausschuß Jannott, S. 60.

[2] § 11 Abs. 9 KFG von 1926.

[3] § 21 KfzVersGes von 1929.

[4] DAR 1935, 227 ff.

teiligt. Der Versicherungszwang würde sich besonders in einer höchst unerwünschten Belastung der bäuerlichen Betriebe auswirken [1].

Durch verkehrswidriges Verhalten von Fußgängern und Radfahrern verunglücken allerdings häufiger Kraftfahrer, ein Versicherungszwang wäre also an sich wünschenswert. Meiner Ansicht nach ist er jedoch praktisch nicht durchführbar.

Der Vorschlag, den Beitrag als Zuschlag zur Lohn- oder Einkommensteuer zu erheben, läßt sich nicht verwirklichen, weil viele Radfahrer und Fußgänger weder einkommen- noch lohnsteuerpflichtig sind. Die Einbeziehung eines Kopfbeitrages scheitert daran, daß dazu ein sehr großer Apparat nötig wäre, dessen Kosten in keinem Verhältnis zu den geringen Prämien stehen würden.

Aus diesen Gründen halte ich die Ausdehnung des Versicherungszwangs auf den gemeinen Landverkehr für unmöglich.

K. Die Ersatzpflicht der Fahrzeugführer.

Für eine Verschuldenshaftung des berechtigten Führers eines Luftfahrzeugs oder Kraftfahrzeugs gegenüber dem Verletzten wäre bei einer Neuregelung des Verkehrshaftpflichtrechtes nach diesen Vorschlägen kein Platz, zweckmäßigerweise wird man eine solche Haftung ausdrücklich ausschließen, es sei denn, daß er mit Vorsatz gehandelt hat. Anderenfalls steht zu befürchten, daß auf diesem Umwege dem Halter eines Privatflugzeuges oder Autos, die meist zugleich Führer des Fahrzeugs sind, die oben erwähnten Haftungsgrenzen wieder genommen werden.

Dagegen muß der Versicherungsgesellschaft, soweit sie gezahlt hat, ein Rückgriffsrecht gegen den Führer des Fahrzeugs gegeben werden, falls diesen ein Verschulden trifft; denn die Versicherung muß diese Schäden ja ihrerseits dem Verletzten ersetzen.

Eine solche Regelung wird eine gewisse Entlastung der Versicherungsgesellschaften herbeiführen und vor allem den Führer veranlassen, sich seiner Verantwortung bewußt zu sein.

Im freien Ermessen des Führers steht es, ob er sich gegen diesen Rückgriff durch Versicherung decken will.

Bei unberechtigter Benutzung eines Kraftfahrzeugs oder Luftfahrzeugs kann die Versicherung, soweit sie gezahlt hat, gegen den Schwarzfahrer Rückgriff nehmen ohne Rücksicht auf Verschulden; denn der Schwarzfahrer maßt sich die Verfügungsgewalt des Halters an, also soll er auch hinsichtlich der Haftung wie der Halter gestellt werden.

Bei Verletzung des Halters selbst bleiben hinsichtlich seiner Ansprüche gegen den Führer die allgemeinen Vorschriften des BGB unberührt. Dieser Vorbehalt ist notwendig, weil der Halter durch die Haftpflichtversicherung nicht geschützt wird.

Die strafrechtliche Verantwortung des Führers muß unverändert bestehen bleiben.

L. Verjährungs- und Verwirkungsfristen.

In einem neuen Verkehrsgesetz müßten auch die bisher völlig verschiedenen Verjährungsfristen und Anzeigepflichten einheitlich geregelt werden [2].

---

[1] Wenn man ihre Einbeziehung für erforderlich hält, würde sie technisch keine Schwierigkeiten bereiten. Die Halter der Fuhrwerke gehören alle einer gewerblichen oder landwirtschaftlichen Berufsgenossenschaft an. Die Haftung der Berufsgenossenschaft braucht also nur auf die Schäden ausgedehnt zu werden, die Nicht-Betriebsangehörige beim Betrieb der Pferdefuhrwerke erleiden.

[2] Über die Zersplitterung im deutschen Recht vgl. S. 23. In Österreich verjähren Ansprüche gegen die Eisenbahn in 3 Jahren ab Kenntnis des Schadens und der Person des Ersatzpflichtigen, ohne Rücksicht auf diese Kenntnis in 30 Jahren, § 1489 ABGB, gegen Kraftfahrer und Luftfahrer in 6 Monaten ab Kenntnis des Schadens und des Ersatzpflichtigen, ohne Rück-

Als einheitliche Verjährungsfrist könnte man in Anlehnung an § 14 KFG und § 25 LVG zwei Jahre ab Kenntnis des Schadens und der Person des Ersatzpflichtigen, 30 Jahre ohne Rücksicht auf diese Kenntnis festsetzen. Die österreichischen Fristen für Kraftfahrzeuge und Luftfahrzeuge von 6 Monaten bzw. 3 Jahren halte ich für zu kurz.

Um unnötige Prozesse zu vermeiden und den Geschädigten, der sich auf Verhandlungen einläßt, nicht zu benachteiligen, wäre die Regelung des § 14 Abs. 2 KFG und § 25 Abs. 2 LVG über die Hemmung der Verjährungsfrist während der Ausgleichsverhandlungen allgemein einzuführen.

Die Pflicht, den Unfall dem Ersatzpflichtigen anzuzeigen, widrigenfalls die Ersatzansprüche verwirkt sind [1], hat sich bewährt. Die Verwirkungsfrist könnte einheitlich auf 2 Monate ab Kenntnis des Schadens und der Person des Ersatzpflichtigen bemessen werden.

M. Die wirtschaftliche Tragbarkeit meiner Vorschläge.

Es bleibt noch die wichtige Frage offen, ob die Verkehrsunternehmer die nach diesem Vorschlag ihnen auferlegten Lasten wirklich tragen können.

1. Eisenbahn.

Für die Eisenbahnen ergibt sich theoretisch eine Erweiterung der Haftung durch den Wegfall des Entlastungsgrundes höhere Gewalt. Wie ich gezeigt habe, ist dieser Begriff aber durch die Rechtsprechung so eingeengt worden, daß er seit 1879 nur sechsmal zugebilligt worden ist. Auch hat sich meines Wissens die Reichsbahn bei den Attentaten der letzten Jahre nicht darauf berufen, sondern trotz Vorliegens höherer Gewalt die Opfer entschädigt. Durch Streichung der höheren Gewalt werden die Lasten der Eisenbahnen also praktisch nicht vermehrt.

Der Ersatz entgangener Dienste im Sinne des § 845 BGB wird keinen nennenswerten Aufwand erfordern.

Eine Mehrbelastung wird sich nur aus der Nichtberücksichtigung des mitwirkenden Verschuldens ergeben. Auch dieser Haftungsmilderungsgrund ist jedoch durch die Rechtsprechung erheblich eingeschränkt worden. Gänzlich versagt er bei Kindern und anderen Personen, die nicht die nötige Einsicht hatten [2], ferner bei Verschulden von Hilfspersonen des Verletzten, wenn der Entlastungsbeweis nach § 831 BGB, wie meist, gelingt [3]. Im sachwidrigen und kopflosen Verhalten des Verletzten und dem Mangel an Überlegung im Augenblick der Gefahr soll gleichfalls kein mitwirkendes Verschulden liegen [4], ebenso nicht im Aussteigen aus dem fahrenden Zug infolge Schlaftrunkenheit oder Wahnvorstellungen [5]. Der Beweis des mitwirkenden Verschuldens, den die Eisenbahn führen muß, wird ihr sehr schwer, wenn nicht unmöglich gemacht [6], und ihr auch dann noch stets ihre angebliche Gefährlichkeit entgegengehalten.

Wenn man diese Rechtsprechung sich vergegenwärtigt, zeigt sich, daß die Nichtberücksichtigung des mitwirkenden Verschuldens in der Praxis gar nicht so schwere Folgen haben wird.

---

sicht darauf in 3 Jahren, § 6 ö.KFG, § 16 ö.LVG. Verjährung nach ABGB, siehe Eisenbahn. Die Verwirkungsfristen bei Nichtanzeige von Kraftfahrzeug- und Luftfahrzeugunfällen betragen 4 Wochen, § 6 ö.KFG, § 16 ö.LVG.

[1] § 15 KFG, § 26 LVG, § 6 ö.KFG, § 16 ö.LVG.

[2] RG 51, 275; 54, 407 und ständig.

[3] Ein besonders krasser Fall RG 109, 209; vgl. auch S. 22ff.

[4] RG 50, 92; EE 29, 35 und 93; 30, 102; 40, 295.

[5] RG 95, 64; EE 38, 69.

[6] z. B. EE 57, 220 und 463.

Auf der anderen Seite bringt mein Vorschlag den Eisenbahnen Haftungshöchstgrenzen und die Entlastung von allen weitergehenden Ansprüchen, besonders auch vom Schmerzensgeld.

Ich glaube daher, daß im Endergebnis die Eisenbahn keine höheren Aufwendungen für Haftungszwecke als bisher wird machen müssen.

2. Schiffahrt.

Für die See- und Binnenschiffahrt, die bisher nur bei Verschulden haftete und sich von dieser Haftung meist noch frei zeichnete, bringt mein Vorschlag allerdings, von der juristischen Seite her gesehen, eine erhebliche Belastung. Praktisch wird sie jedoch kaum allzu groß sein. Da für Besatzungsmitglieder diese Regelung wegen § 898 RVO ausscheidet, bleiben nur die Ansprüche der Passagiere. Genaue Zahlen standen mir nicht zur Verfügung, im Jahre bleiben etwa 150 Seemänner als Opfer ihres Berufes, die Zahl der verunglückten Passagiere wird also sehr erheblich darunter liegen. Die Haftung für ihre Fahrgäste dürfte daher für die Reeder durchaus tragbar sein.

3. Luftfahrt.

Die Lufthansa muß nach den Auflagen des RLM jeden Fluggast gegen Unfall versichern. Nach den Versicherungsbedingungen beträgt die Höchstsumme augenblicklich bei Invalidität oder Tod 30 000 RM, daneben Heilungskosten usw. Durch die Einführung des von mir vorgeschlagenen Kapitalhöchstbetrages würde also sogar eine gewisse Entlastung eintreten, die durch die Nichtberücksichtigung des grobfahrlässigen mitwirkenden Verschuldens kaum aufgehoben werden wird [1].

Für die übrigen Luftfahrzeuge, die nach LVG haften, bestand schon bisher eine reine Verursachungshaftung einschl. höherer Gewalt. Sie würden in Zukunft stärker belastet durch Nichtanwendung des § 254, die zwingende Natur der Haftung und den Ersatz entgangener Dienste.

Dafür brauchte aber die Erschwerung des Fortkommens nicht mehr ersetzt zu werden, und niemand könnte mehr Schmerzensgeld verlangen oder Ansprüche stellen, die über die Höchstbeträge hinausgehen [2].

Im Gesamtergebnis wird also auch in der Luftfahrt mein Vorschlag zu keiner untragbaren Belastung der Luftfahrzeughalter führen.

4. Kraftfahrt.

Die größte Empörung wird mein Vorschlag wahrscheinlich bei den Kraftfahrern auslösen. Sie werden in der Tat auch am stärksten betroffen. Ihre bisherige Haftung wird erweitert um den Ersatz entgangener Dienste, die Ausdehnung der Verursachungshaftung auf langsame Fahrzeuge, Kleinkrafträder und Insassen, die Streichung des Entlastungsbeweises, daß ein unabwendbares Ereignis oder mitwirkendes Verschulden des Verletzten vorgelegen habe, oder daß die Schwarzfahrt ohne Verschulden des Halters ausgeführt sei, weiter durch das Verbot, die Haftung vertraglich auszuschließen, und durch die Einführung eines Versicherungszwanges.

---

[1] Das leichtfahrlässige mitwirkende Verschulden führte nach den Versicherungsbedingungen schon bisher zu keiner Anspruchsminderung, vgl. S. 22, Anm. 2.

[2] Gegenüber dem ö.LVG wäre die Mehrbelastung allerdings stärker; denn die Regelung soll nicht nur für Motor-Luftfahrzeuge, sondern für alle Luftfahrzeuge gelten. In Österreich war Befreiung von der Haftung schon bei Nachweis eines unabwendbaren Ereignisses möglich und die Insassen überhaupt ausgenommen. Dafür war aber die Haftung bereits unabdingbar, und eine stärkere Erleichterung als im Altreich erfolgt dadurch, daß die Besatzung nicht mehr der Verursachungshaftung unterliegt.

Diese Liste mag auf manchen Kraftfahrer niederschmetternd wirken, vor dem Verdammungsurteil wäre aber erst zu untersuchen, ob die Kraftfahrer nicht einen Teil dieser Lasten schon heute getragen haben, und welche Erleichterungen ihnen mein Vorschlag bringt.

In Österreich war ein Teil der Insassen schon bisher durch die Verursachungshaftung geschützt [1], ebenso die Fahrgäste der Reichspost [2]. Den anderen Kraftfahrern hat der Ausschluß des § 8, Ziff. 1 KFG auch häufig nichts genützt, da die Insassen es bei der Rechtsprechung des RG leicht hatten, sie aus Verschulden in Anspruch zu nehmen.

Mit der Einbeziehung der Kleinkrafträder vollziehen wir ebenfalls nur eine Angleichung an das österreichische Recht.

Wie schwer dem Kraftfahrer der Nachweis eines unabwendbaren Ereignisses durch die Überspannung der Sorgfaltspflicht gemacht wurde, habe ich an einigen Beispielen gezeigt. Das Gleiche erweisen die von mir zitierten Entscheidungen für den Entlastungsbeweis bei Schwarzfahrten [3]. Diese Befreiungsgründe sind also in ihrer Wirksamkeit durch die Rechtsprechung erheblich eingeschränkt.

Auf das mitwirkende Verschulden des Verletzten kann sich der Kraftfahrer auch nicht in allen Fällen berufen, im Gegenteil! Wenn durch das verkehrswidrige Verhalten von Kindern oder sonstigen verkehrsunerfahrenen Personen ein Unfall eintritt, wird es dem Kraftfahrer meist als Verschulden angerechnet, daß er dieses falsche Verhalten nicht vorausgesehen hat, und so eine unbegrenzte Haftung nach BGB begründet.

Wenn ich die Haftung für unabdingbar erklären will, folge ich wiederum nur dem österreichischen Vorbild [4]. Im Altreich war die Haftung der Linien- und Gelegenheitsverkehrsunternehmer gegenüber den Insassen auch schon zwingend [5], und bei sogen. Gefälligkeitsfahrten ließ das RG den Haftungsausschluß nur unter besonderen Umständen und dann grundsätzlich nur für leichte Fahrlässigkeit zu [6].

Die Einführung des Versicherungszwangs endlich ist gar nichts Neues mehr. In Österreich hat er allgemein bestanden [7]. Im Altreich bestand zum Teil ein direkter, zum Teil ein indirekter Zwang, eine Haftpflichtversicherung abzuschließen [8].

Es ergibt sich also, daß die Kraftfahrer einen großen Teil der von mir vorgeschlagenen Lasten infolge der herrschenden Rechtsprechung und der verschiedenen Gesetze und Erlasse schon bisher getragen haben. Ich verkenne nicht, daß trotzdem die von mir befürwortete reine Verursachungshaftung eine gewisse Ausdehnung der Haftung darstellen wird.

Um diese stärkere Belastung auszugleichen, habe ich aber eine wirksame Begrenzung der Haftung vorgenommen. Über die tarifmäßig festgesetzten Heilungskosten usw. und einen Rentenhöchstbetrag von jährlich etwa 1500,— RM bzw. einen Kapitalhöchstbetrag von etwa 25 000 RM pro Person braucht der Kraftfahrzeughalter nicht zu haften, die unbegrenzten Ansprüche aus BGB, insbesondere Schmerzensgeld und Ersatz für Erschwerung des Fortkommens, fallen weg.

Ich kann nicht beurteilen, ob die Begrenzung der Haftung und die Streichung des Schmerzensgeldes einerseits, die Vermehrung der Lasten durch Einführung der reinen Verursachungshaftung andererseits sich ausgleichen werden, oder ob eine Senkung oder

[1] § 4 ö.KFG.
[2] § 65 Verordnung des Reichspostministers vom 6. 7. 1938.
[3] Vgl. S. 17, Anm. 1.
[4] § 13 ö.KFG.
[5] §§ 25, 28 Pers.Bef.Ges.
[6] Übersicht der Rechtsprechung bei RGR Vorbem. 4b zu § 823. Carl 1937, 355—367.
[7] § 3 KFG 1937, ausgenommen nur Zugmaschinen bis 16 km; § 107 I d KrfVO 1937; Arbeitsmaschinen §§ 110, 107 KrfVO; Kleinkrafträder § 111 KrfVO.
[8] Vgl. S. 36.

Erhöhung der Prämien stattfinden wird. Allzu groß wird eine Prämienerhöhung, wenn sie überhaupt nötig wird, meiner Ansicht nach nicht sein; denn, wie ich gezeigt habe, ist durch die Anspannung der Rechtsprechung bereits jetzt ein Zustand geschaffen worden, der von meinem Vorschlag einer reinen Verursachungshaftung nicht allzu weit entfernt ist.

Der Kampf der Kraftfahrer gegen die Verursachungshaftung mit Höchstgrenzen und ihre Forderung der unbegrenzten Verschuldenshaftung sind mir vom finanziellen Standpunkt aus immer unverständlich geblieben; denn alle besonders kraftfahrfeindlichen Urteile beruhen auf dem Verschuldensprinzip, bei dem keine Höchstgrenzen vorgesehen sind und außerdem Schmerzensgeld ersetzt werden muß.

Aus ideellen Gründen war der Kampf berechtigt. Ihre Forderung nach Beseitigung der Diskriminierung wird jedoch durch meine Vorschläge erfüllt.

Sollte sich zeigen, daß für die Halter von Motorrädern oder von Volkswagen die Prämien zu hoch sind, so würde ich vorschlagen, an die Versicherungsgesellschaften für jedes bei ihnen versicherte Motorrad oder jeden versicherten Volkswagen vom Staate aus einen bestimmten Jahreszuschuß zu zahlen.

Ein solches Vorgehen wird immer noch billiger sein als die Gründung einer Reichskasse, die für ihre Riesenorganisation zur Einziehung der Beiträge, Ermittlung der Schäden und Festsetzung der Renten einen großen Teil der Mittel verbrauchen würde, die nach meinem Vorschlag als direkte Zuschüsse an die Versicherungsgesellschaften gezahlt werden sollen. So wird die Bildung eines neuen Behördenapparates vermieden und zugleich die große Organisation und die vielseitigen Erfahrungen der Versicherungsgesellschaften nutzbar gemacht. Man wird allerdings verlangen müssen, über die Kraftfahrzeugversicherung eine gesonderte Bilanz aufzustellen, unangemessene Gewinne lassen sich dann durch die Bemessung der Zuschüsse und entsprechende steuerliche Behandlung verhindern.

Ich glaube daher nicht, daß bei Durchführung meiner Vorschläge eine Belastung der Volkswagenidee oder eine Hemmung der Motorisierung Deutschlands durch untragbare Haftpflichtprämien eintreten wird.

N. Das Verhältnis zur Sozialversicherung.

Nach § 537, Ziff. 5, 6, 7 und 10 und § 1046 RVO werden die in den Verkehrsbetrieben beschäftigten Personen [1]) bereits durch die Unfallversicherung erfaßt. Falls sie bei dem Betriebe eines Verkehrsmittels an ihrer Arbeitsstätte zu Schaden kommen, richten sich ihre Ansprüche nach der RVO, auf Grund der Verkehrshaftungsgesetze können sie wegen § 898 RVO keine Forderungen gegen den Unternehmer erheben.

Die Unfallversicherung entschädigt jedoch über den Kreis der im Verkehrsgewerbe tätigen Personen hinaus alle Versicherten, wenn sie auf dem Wege von und nach der Arbeitsstätte einen Unfall erleiden (§ 545 a RVO). Häufig sind das Verkehrsunfälle.

Bei Verkehrsunfällen, die sich nicht an der Arbeitsstätte oder auf dem Wege von und zu ihr ereignen, bewahren die Leistungen der Kranken-, Angestellten- und Invalidenversicherung sowie der Reichsknappschaft die versicherungspflichtigen Verunglückten vor der schlimmsten Not und sorgen für die Wiederherstellung ihrer Arbeitskraft bzw. bei Arbeits- und Berufsunfähigkeit für den notwendigen Unterhalt.

Soweit die Sozialversicherung gezahlt hat, geht der Anspruch des Verletzten gegen den Schädiger auf sie über (§ 1542 RVO, § 49 AVG, § 105 RKG).

An dieser Regelung braucht man nichts zu ändern. Die Versicherungsträger haben

---

[1] Genaue Abgrenzung des versicherten Personenkreises § 544ff. RVO.

in Zukunft nur den großen Vorteil, daß sie infolge des Versicherungszwanges auf jeden Fall einen Ersatz ihrer Aufwendungen bekommen werden.

Eine Streichung des § 545 a mit der Begründung, für die Wegeunfälle hafte ja jetzt der Verkehrsunternehmer, ist abzulehnen, weil sie zu einer Schlechterstellung der Versicherten führen würde; denn neben den Verkehrsunfällen sind auch noch andere Wegeunfälle möglich, z. B. durch Herabstürzen von Gegenständen oder Glatteis, für die bei einer Streichung des § 545 a keine Entschädigung gewährt werden würde.

O. Das Verhältnis zu internationalen Abkommen.

Internationale Abkommen stehen der Durchführung meiner Vorschläge nicht im Wege. Über die Personenhaftung bestehen im Kraftwagenverkehr, in der See- und Binnenschiffahrt und bei der Eisenbahn keine internationalen Abkommen [1]. Das Warschauer Abkommen und die Iata-Bedingungen setzen für die gewerbliche Luftfahrt geringere Haftungsmaßstäbe fest, hindern Deutschland also nicht, eine schärfere Haftung einzuführen.

Falls die Deutsche Lufthansa nicht von den Iata-Bedingungen abweichende Beförderungsgrundsätze aufstellen will, müßte sie durch Auflagen des RLM verpflichtet werden, für jeden Fluggast eine Unfallversicherung abzuschließen, deren Bedingungen der Haftung der anderen Verkehrsmittel entsprechen.

Zusammenfassung.

Ich möchte meine Vorschläge noch einmal zusammenfassen:

Wird beim Betriebe einer Eisenbahn, eines Kraftfahrzeuges, eines Luftfahrzeugs, eines See- oder eines Binnenschiffes ein Mensch getötet oder verletzt, so ist der Betriebsunternehmer (Halter) verpflichtet, ihm den daraus entstehenden Schaden zu ersetzen, es sei denn, daß der Verletzte den Schaden vorsätzlich herbeigeführt hat. Diese Haftung ist unabdingbar.

Es handelt sich um eine reine Verursachungshaftung. Die Ersatzpflicht tritt ein ohne Rücksicht auf höhere Gewalt, unabwendbares Ereignis, unverschuldete Schwarzfahrt, mitwirkendes Verschulden des Verletzten, sie gilt für Kraftfahrzeuge jeder Art und Größe und erstreckt sich auch auf die Insassen.

Dem Geschädigten wird nicht Schadensersatz für Verschulden oder Gefährdung gewährt, sondern ein Schadensausgleich, damit er seine Gesundheit und Arbeitskraft wieder herstellen kann oder bei Invalidität den notwendigen Lebensunterhalt besitzt.

Daher werden für Kosten der Heilung, Verdienstausfall während der Krankheit und Beerdigungskosten feste Sätze eingeführt, ebenso wird die Rente für den Verlust oder die Minderung der Erwerbsfähigkeit, die Vermehrung der Bedürfnisse und für den Ersatz des entzogenen Unterhalts und verlorener Dienste auf Höchstbeträge begrenzt.

Schmerzensgeld und Ersatz für Erschwerung des Fortkommens wird nicht mehr gewährt, weil beides zur Sicherung der Existenz des Verletzten nicht notwendig ist.

Weitergehende Ansprüche gegen den Verkehrsunternehmer sind ausgeschlossen, es sei denn, daß er wegen vorsätzlicher Tat verurteilt ist.

Zur Sicherstellung der Ersatzleistung sind die Halter eines Kraftfahrzeugs oder Luftfahrzeugs verpflichtet, sich gegen alle Ansprüche, die aus diesem Vorschlag (Gesetz) gegen sie erhoben werden können, bei einer anerkannten Versicherungsgesellschaft zu versichern. Einreden gegen die Versicherung sind gegenüber dem Geschädigten un-

---

[1] Nach Art. 28 § 1 IÜP regelt sich die Personenhaftung nach dem Recht des Staates, in dem der Schaden eingetreten ist.

wirksam. Soweit sich infolge dieser Unwirksamkeit eine Mehrleistung der Versicherung ergibt, steht der Versicherungsgesellschaft der Rückgriff gegen den Halter zu.

Sollte die Prämie für die Halter von Motorrädern oder von Volkswagen zu hoch sein, so gewährt der Staat den Versicherungsgesellschaften einen jährlichen Zuschuß für jeden bei ihnen versicherten Volkswagen oder jedes versicherte Motorrad.

Die Haftung des Führers eines Kraftfahrzeugs oder Luftfahrzeugs gegenüber dem Verletzten ist ausgeschlossen, es sei denn, daß er mit Vorsatz gehandelt hat. Die Versicherungsgesellschaft kann gegen den Führer eines Kraftfahrzeugs oder Luftfahrzeugs, so weit sie selbst gezahlt hat, Rückgriff nehmen, falls den Führer an dem Unfall ein Verschulden trifft. Erfolgte die Benutzung ohne Wissen und Willen des Halters (Schwarzfahrt), so ist der Rückgriff ohne Rücksicht auf Verschulden zulässig. Für Ansprüche des Halters gegen den Führer gelten die allgemeinen Vorschriften des BGB.

Diese Vorschläge bedeuten eine große Ketzerei gegen alle Grundsätze des Zivilrechts. Die Versorgung der Verkehrsopfer ist jedoch eine soziale Aufgabe der Volksgemeinschaft, die man mit den Mitteln des Zivilrechts nicht befriedigend lösen kann.

Trotz mancher wirtschaftlicher und technischer Verschiedenheiten halte ich es für richtig, alle Verkehrsmittel den gleichen Haftungsbestimmungen zu unterwerfen. Dadurch wird unser heute so überaus vielgestaltiges Verkehrsrecht durchgreifend vereinfacht und die Zahl der Prozesse vermindert. Wegen ihrer engen Verflechtung und Zusammenarbeit bildeten die Verkehrsmittel im Bewußtsein ihrer Benutzer schon längst eine Einheit. Die verschiedene Haftung wurde als ungerecht und lebensfremd empfunden; denn dem Verletzten ist es gleichgültig, durch welches Verkehrsmittel er verunglückt, die Folgen sind für ihn immer dieselben. Eine einheitliche Haftung aller Verkehrsmittel stellt also nur den Gleichklang von Recht und Leben wieder her.

Leitend und entscheidend aber war für diese Arbeit der Wunsch, den Verkehrsopfern Gesundheit und Arbeitskraft wiederzugeben zum Wohle des ganzen Volkes.

Lebenslauf

Am 12. Juni 1916 wurde ich als Sohn des Staatssekretärs Gustav Koenigs und seiner Ehefrau Ingeborg, geb. Lange in Düsseldorf geboren. Ich wurde im Schülerheim des Arndt-Gymnasiums in Berlin-Dahlem erzogen und bestand dort Ostern 1934 die Reifeprüfung. Nach halbjährigem Arbeitsdienst studierte ich Rechtswissenschaft an den Universitäten Freiburg, Königsberg, München und Berlin. Am 21. Juni 1938 bestand ich vor dem Justizprüfungsamt bei dem Kammergericht die erste juristische Staatsprüfung. Zur Zeit arbeite ich in einer Bremer Großreederei.